AF762916

Erzähl es deinen Kindern
Die Torah in fünf Bänden

Band 3
Wajikra – Und er rief

Erzähl es deinen Kindern

Die Torah in fünf Bänden

Übertragen von Hanna Liss und Bruno Landthaler
Mit Illustrationen von Darius Gilmont

Band 3

Wajikra – Und er rief

Ariella Verlag

Für die finanzielle Unterstützung, die diesen Band der »Torah für Kinder« ermöglichte, bedanken wir uns bei:

Zentralrat der Juden in Deutschland, KdöR

Stiftung Irene Bollag-Herzheimer, Basel

B'nai B'rith, Frankfurt Schönstädt Loge e. V.

INHALT

Einführung

Der Band *Wajikra – Und er rief* ist wohl das schwierigste und herausforderndste Buch der Torah, und dies nicht nur für Kinder. Denn es geht im Wesentlichen um Vorschriften zu Opfern, Vorschriften, die die Kohanim, die Priester, einzuhalten haben, sowie um Reinheitsgebote und Ähnliches. Geschichten fehlen fast vollständig in diesem Buch. Auf der anderen Seite haben Kinder viel weniger Mühe mit den hartnäckigen Wiederholungen auch der kleinsten Details, und sie finden den Gedanken, dass man auch G'tt eine Gabe bringt, oftmals weniger abwegig als Erwachsene.

Schon deshalb sollten (Vor-)Leser dieses Buch nicht einfach überspringen, nur weil es recht sperrig erscheint. Wer die jüdische Tradition ernst nimmt, kann dies ohnehin nicht, denn das Buch *Wajikra* ist selbstverständlich in Gänze ein Teil der Torah, ja, es bildet auch in seiner Stellung innerhalb der *Chamischa Chumsche Torah*, der fünf Fünftel der Torah, die eigentliche Mitte. Überdies ist es auch für das Selbstverständnis des Judentums sehr wichtig: Man muss sich nur vor Augen halten, dass schon das rabbinische Judentum den traditionellen G'ttesdienst in der Synagoge und die Torah-Lesung als Ersatzhandlungen für die Opfer im später zerstörten Tempel verstanden hat, um zu erkennen, wie wichtig dieses Buch für das Judentum ist. Nicht umsonst begannen und beginnen im traditionellen Judentum die Jungen im Alter von fünf Jahren gerade mit diesem Buch das Lesen und Verstehen traditioneller Texte.

Aber selbst wenn dies heute auf viele jüdische Kinder nicht mehr zutrifft, so können auch diese Kinder eines sehr schnell erkennen: Das, was ihnen aus diesem Buch vorgelesen wird, ist ganz weit von ihrer eigenen Lebenswelt entfernt. Jedes jüdische Kind weiß, dass wir keinen Tempel mehr haben, dass keine Opfer mehr geschächtet werden, dass Kohanim auf fast keine Reinheitsvorschriften zu achten haben. Und gerade durch diese fremde Leseerfahrung lernen sie, worauf es hier ankommt: auf die Texte, die gelesen oder gehört werden wollen. Damit rückt der Text der Torah in die Mitte des Verstehens. Die Torah ist kein Informationstext, der über eine Sache berichtet. Die Torah ist die Sache selbst, von der gelesen werden soll. Diese sehr eigentümliche Leseerfahrung ist für das gesamte Judentum prägend. Denn das rabbinische Judentum hat, nachdem der Tempel im Jahre 70 n. u. Z. zerstört worden ist, weiterhin an Texten festgehalten, die vom Inhalt her einer vergangenen Epoche angehören. Die Rabbinen haben aus der Torah kein »Altes Testament« gemacht, sie haben sie vielmehr zur Grundlage des Judentums schlechthin erklärt. Was im alten Israel noch das Heiligtum, der Tempel war, nimmt nun die Torah ein, in der vom Heiligtum berichtet wird. Das ist auch der Grund, weshalb wir heute die Torah immer noch lesen, sie sogar in den Mittelpunkt des Schabbat-G'ttesdienstes rücken –, einen Text also, der für das praktische jüdische Leben über weite Strecken nur noch eine eher geringe Rolle spielt, ginge es allein um den übermittelten Inhalt. Und das gilt ganz besonders für dieses dritte Buch *Wajikra*.

Wer erfahren möchte, was diese sehr spezielle jüdische Leseerfahrung bedeutet, sollte sich nur einmal die Liturgie des Jom-Kippur-G'ttesdienstes vergegenwärtigen: Die liturgischen Texte spiegeln inhaltlich überdeutlich das Ritual wider, das im dritten Buch *Wajikra* ausführlich beschrieben wird. Auf dieses Ritual wird angespielt, es wird zitiert und immer wieder neu zusammengestellt oder mit anderen Texten kontrastiert. Aber diese Texte sind keine Handlungsanweisungen, weil es keinen Hohepriester mehr gibt, der Tiere schächtet und einen »Sündenbock« in die Wüste schickt. Es sind »Lesestücke«, die an ein altes Ritual erinnern und es während des Lesens lebendig werden lassen. Aus dem Opferdienst wird ein erinnerndes Lesen, und es ist allein dieser Leseakt, der heutigen

Juden genügen muss, um sich von G'tt und mit ihm versöhnen zu lassen.

Machen Sie selbst die Probe: Lesen Sie die Parascha *Achare Mot*, in der der Jom Kippur geschildert wird, laut und langsam vor, ohne danach zu fragen, was es im Einzelnen bedeutet und was da gerade steht. Sie werden bald merken, dass dies eine ganz eigene Erfahrung des Lesens ist, bei der es nicht in erster Linie darum geht, historische oder archäologische Informationen aufzunehmen, sondern bei der es um das Lesen selbst geht, vergleichbar vielleicht mit dem Rezitieren von Gedichten. Denken Sie daran, dass gerade Kinder den Akt des Lesens überaus schätzen: Wie oft muss man ihnen Geschichten wieder und wieder vorlesen, obwohl sie sie nur zu gut, manchmal sogar auswendig kennen. Aber für Kinder eröffnet sich die Welt des Wortes zuerst über das Hören, weshalb sie Vorlesestunden so begierig folgen. Jüdisches Lesen ist nicht anders: Wir lesen die Torah wieder und wieder, lassen sie uns im G'ttesdienst vorlesen, obwohl wir mit ihrem Inhalt längst vertraut sind. Aber nur durch das Lesen selbst treten wir in die jüdische Tradition ein und lassen das lebendig werden, was wir als jüdisch bezeichnen.

Das dritte Buch *Wajikra* steht wie kein anderes Buch der Torah für diese sehr jüdische Leseerfahrung.

Hinweise zur Benutzung

Diese Torah für Kinder ist in erster Linie zum Vorlesen gedacht. Da sie aber Kinder verschiedenen Alters im Blick hat, sind in diesem Buch einige Textpassagen *kursiv* gekennzeichnet, die man für die kleinsten Zuhörer überspringen kann.

Die Informationen zu Beginn jeder Parascha verweisen auf den liturgischen Gebrauch im G'ttesdienst und auf die Haftara, die Prophetenlesung. Dies soll den Kindern bewusst machen, dass die Torah ihren festen Platz in der Synagoge hat. Damit ist es auch möglich, die einzelnen Bände von »Erzähl es deinen Kindern« während der Torah-Lesung in der Synagoge für Kinder zu verwenden.

Die Einleitungen und kommentierenden Texte richten sich an die Erwachsenen. Wir haben sie diesmal recht ausführlich gestaltet, um den Erwachsenen selbst Lesehilfen an die Hand zu geben. Angesichts des doch sehr schwierigen Textes des Buches *Wajikra* erschien uns dies geboten.

Unterstützend dazu können Sie auch auf unserer Internetseite www.parascha.de Erläuterungen und Informationen finden. Diese gehen über allgemeine Einleitungen hinaus und enthalten auch Kommentare von Raschi, dem wichtigsten mittelalterlichen Bibelkommentator.

Den Beginn einer jeden Parascha geben wir – ebenso wie einzelne Textstellen, die für die jüdische Tradition und den G'ttesdienst eine herausragende Rolle spielen – im hebräischen Original wieder. Das soll nicht nur ein dringlicher Hinweis darauf sein, dass die Torah idealerweise auf Hebräisch zu lesen und diese Übertragung nur ein Hilfsmittel ist, sondern auch einen ersten Einstieg dafür bilden, wichtige Textstellen auf Hebräisch zu lesen beziehungsweise vorzulesen.

Die Zahlenangaben verweisen auf die Kapitel und Verse im

Buch *Wajikra*. Da sie in allen Bibeln (jüdischen, katholischen, protestantischen) gleich sind, kann man den Text mithilfe dieser Angaben auch in anderen Bibelausgaben leicht auffinden. Weiterhin werden auch Hinweise eingebracht, die auf eine liturgische Verwendung des so gekennzeichneten Textabschnittes verweisen.

Noch ein Wort zur Schreibweise »G'tt«: In traditionellen jüdischen Kreisen ist es üblich geworden, auch die Gattungsbezeichnung »G-o-t-t« in anderen Sprachen als dem Hebräischen nicht ganz auszuschreiben, sondern sie mit »G'tt« abzukürzen. Um »Erzähl es deinen Kindern« für alle offenzuhalten und keinen Anstoß zu erregen, haben wir uns dafür entschieden, auf diese traditionelle Besonderheit Rücksicht zu nehmen. Wir haben grundsätzlich darauf geachtet, das hebräische *Elohim* mit »G'tt« wiederzugeben; das Tetragramm, den Namen G'ttes, übersetzen wir in Aufnahme von Moses Mendelssohns *Bi'ur* mit »der Ewige«, eine G'ttesbezeichnung, die in die meisten jüdischen Bibelübersetzungen Eingang gefunden hat.

Auch bei der Schreibung der hebräischen Namen erlauben wir uns eine Abweichung: Grundsätzlich schreiben wir alle Namen in der hebräischen Lautung statt in den im deutschsprachigen Raum üblichen Formen, also Mosche, nicht Moses, Aharon und nicht Aaron, Avihu und nicht Abihu. Wir wollen damit dem Hebräischen – neben einzelnen Textpassagen – ein weiteres Gewicht verleihen, zumal in jüdischen Kindergärten und Schulen meist die hebräischen Formen der biblischen Namen Verwendung finden.

Grundsätzlich sei hier außerdem angemerkt, dass zwei aufeinandertreffende Vokale im Hebräischen nicht wie im Deutschen zusammengezogen, sondern getrennt gesprochen werden, also genau wie das a und e in Jisrael. *Schaatnes* wird demnach Scha-atnes ausgesprochen. Auf eine Verdeutlichung durch Apostroph haben wir zugunsten der Lesefreundlichkeit verzichtet. Eine Übersicht zu den Schreibweisen der hebräischen Orts- und Personennamen finden Sie im Glossar.

PARASCHAT WAJIKRA – Und er rief

Lev 1,1–5,26

Dieser Text wird im normalen Zyklus der Torah-Lesung rezitiert und hat darüber hinaus keinen weiteren Widerhall in der Liturgie gefunden.

Als Haftara wird Jes 43,21–44,23 gelesen, ein Prophetentext, der den Jisraeliten vorhält, dass sie den Opferkult nicht genügend beachtet haben und dadurch vor G'tt schuldig geworden sind.

Einleitung

Mit dieser Parascha beginnt eine Reihe von Geboten, auf die die ganze bisherige Erzählung stringent hinausläuft: Das erste Buch *Bereschit* schildert die Vorgeschichte des Volkes Jisrael. Das zweite Buch *Schemot* erzählt, wie aus den Sklaven in Mizrajim ein Volk wird, vom Auszug aus Mizrajim und der Wanderung zum Berg Sinai. Das Volk erhält die ersten Gebote und soll ein Heiligtum für G'tt bauen, damit er unter ihnen wohnen und ihren Weg durch die Wüste mitgehen kann. Und nun, nachdem der Bau des Heiligtums vollendet wurde, werden im dritten Buch *Wajikra* Opferbestimmungen aufgezählt, Bestimmungen also, die die verschiedenen Rituale innerhalb des Heiligtums regeln. Das Volk Jisrael lagert in der Nähe des Berges Sinai, jenes Berges, auf dem G'tt mit Mosche geredet und ihm schon die ersten, wichtigen Gebote gegeben hatte. Dieser erzählerische Rahmen wird sich auch das ganze Buch *Wajikra* hindurch nicht ändern. Die Wanderung des Volkes durch die Wüste wird erst mit dem vierten Buch der Torah, mit *Bamidbar*, fortgesetzt.

Das Buch *Wajikra* setzt fast unvermittelt mit einer Reihe detaillierter Gebote ein. Was dabei besonders auffällt: Am Anfang dieser Bestimmungen, die allesamt das Heiligtum betreffen, stehen nicht die Rechtssätze, wie sich Aharon und seine Söhne zu verhalten haben. Vielmehr werden zunächst die Opfergaben behandelt, also das, was der Einzelne (freiwillig) von seinen Tieren zum Heiligtum bringen darf.

Dies hat seine Parallele bereits in Paraschat *Truma:* Bevor mit dem Bau des Heiligtums begonnen werden konnte, mussten alle Jisraeliten, ob arm oder reich, ihren Beitrag dazu leisten, damit die Materialien für den Bau vorhanden waren. Obwohl also das Heiligtum ohne den Priester, den sogenannten Kohen, nicht zu denken ist (der einfache Jisraelit darf das Heiligtum nicht einmal betreten!), geht es zunächst nicht im Wesentlichen um den Kohen, sondern um das Volk, das in bestimmten Lebenssituationen Opfergaben *(korbanot)* erbringt – entweder aus freien Stücken oder als gebotene Opfergaben.

Dieses Religionsverständnis ist für uns heute eher nicht üblich: Denn wir Heutigen sind es gewohnt, dass die Rabbiner und Vorbeter in der Gemeinde den G'ttesdienst leiten und dafür sorgen, dass alles seine Ordnung hat, während die »normalen« Synagogengänger das Können der Religionsspezialisten konsumieren, aber ansonsten ein normales, der Religion oder auch nur dem religiösen Lernen eher abseitiges Leben führen.

Die Vorstellung der Torah geht da erstaunlicherweise in eine etwas andere Richtung: Jeder Einzelne ist auf das Heiligtum »hingeordnet« und soll deshalb Opfergaben zum Heiligtum bringen. Der Kohen sorgt dabei dafür, dass nichts der individuellen Beliebigkeit anheimgegeben wird, sondern dass die Heiligtums- und Opferregeln sehr genau eingehalten werden. Dennoch ist ein solches Verständnis von Religion geradezu basisdemokratisch, weil es nicht einfach um die Aufrechterhaltung einer religiösen Instanz (Heiligtum) geht, sondern um eine ganz bestimmte »Hinordnung« des ganzen Volkes zu dieser Institution. Ohne diese Hinordnung des Volkes, die Bestimmungen, welche Tiere zu welchen Zeiten in welcher Weise zum Heiligtum zu bringen sind, welche Personen sich an welchen Orten aufhalten oder eben nicht aufhalten dürfen, könnte der gemeinsame Weg G'ttes mit diesem Volk nicht fortgesetzt werden. Dieser Gedanke wird uns übrigens immer wieder begegnen, nicht nur im Buch *Wajikra*.

Aber was ist nun ein »Opfer«? Der deutsche Begriff »Opfer« bringt die biblische Vorstellung von der Opfergabe nur unzureichend zum Ausdruck. Das hebräische »Korban« setzt nicht an dem an, was man gibt, sondern an dem, was dadurch erreicht wird. Es steckt nämlich das Verb »sich nähern« dahinter. Mithilfe des Opfers kann der jisraelitische Mensch dem nahekommen, dem man sich gewöhnlich nicht nähern kann – und ihn sich nahekommen lassen: G'tt. Das Opfer dient also nicht demjenigen, der es erhält, sondern demjenigen, der es gibt. Er erhält dadurch die Möglichkeit, sich einem Bereich zu nähern, zu dem er normalerweise keinen Zutritt hat. Deshalb wird der Korban – dies kann ein Tier sein oder auch eine nichttierische Opfergabe – auch nicht irgendwo abgeliefert, sondern zum Heiligtum gebracht, wo es vom Kohen in Empfang genommen und im Opfergabe-Ritual verwendet wird.

Der oder die Opfernde (manche Opfergaben werden nur von Frauen gebracht!) setzt sich also mit der Übergabe des Korban in Beziehung zum Heiligtum, zu dem er selbst keinen Zugang hat. Das, was wir zuvor mit »Hinordnung auf das Heiligtum« umschrieben haben, wird genau hier durch die Opfergabe realisiert. Deshalb ist der Korban Sache des Einzelnen und nicht Sache des Kohen, wenngleich dieser darauf zu achten hat, dass das Ritual genauestens eingehalten wird. Dass die Zutrittsbeschränkungen äußerst strikt sind, zeigt sich gleich am ersten Satz dieses Buches: G'tt spricht zu Mosche aus dem Zelt der Begegnung heraus, das Mosche selbst nicht mehr betreten darf, weil er kein Kohen ist.

Das Tier wird zu Hause ausgewählt, das Opfertier zu Hause vorbereitet. Die Bereitstellung der Opfergaben erfolgt also nicht am Heiligtum, sondern im Privatbereich des Spenders, der seinen Korban dann an den Kohen übergibt. Der Kohen beginnt daraufhin mit verschiedenen Vorbereitungsschritten, an deren Ende immer die kultische Verbrennung geschieht. Sie ist Höhepunkt und Ziel einer jeden Opfergabe. Wenn schließlich der Rauch aufsteigt, verbindet er in dieser Qualität symbolisch die menschliche Materialität und die g'ttliche Immaterialität.

Tiere als Opfergaben: Die Torah setzt ganz selbstverständlich voraus, dass die Korbanot, mit denen man sich dem Ewigen »nähern« kann, vor allem Tiere sind, weil sie wertvolle Opfergaben darstellen. Es sind in aller Regel Rinder, (Jung-)Stiere, Widder, Ziegen oder Schafe. Wer sich diese Tiere nicht leisten kann, kann auch Tauben und Turteltauben bringen. Wer sich noch nicht einmal diese leisten kann, kann eine nichttierische Opfergabe zur Speise zum Heiligtum bringen. Dass Opfergaben im Wesentlichen Tiere sind, hängt auch damit zusammen, dass das Blut als eine ganz besondere Flüssigkeit betrachtet wird, in der die Seele des Lebewesens enthalten ist. Deshalb darf Blut nicht einfach so vergossen werden, sondern hat allein seinen Ort am Altar im Heiligtum.

Seine Hand auflegen: Von denen, die Korbanot als Gabe zum Heiligtum bringen, wird immer wieder gefordert, die Hand auf den Kopf des gebrachten Tieres zu legen. Es ist eine Geste dafür, dass es das eigene Tier ist, das man bringt. Denn eine Gabe soll immer aus dem eigenen Besitz kommen und darf nicht geliehen oder gestohlen sein. Das Auflegen ist bei Tauben nicht notwendig. Das Handauflegen mit zwei Händen durch den gesalbten Kohen Aharon hat allerdings eine weitere Bedeutung. Sie kommt vor allem in der Beschreibung des Jom Kippur zum Ausdruck, bei der alle Unreinheiten und Verfehlungen auf das Tier übertragen werden, das diese nun trägt und in die Wüste bringt und damit gewissermaßen ungeschehen macht. Zugleich ist dieses Handauflegen beim Tier das Signal der Übergabe an das Heiligtum: Alle weiteren Schritte, die Schächtung des Tieres, das Ausgießen des Blutes, die Zerlegung und das Arrangieren der Teile auf dem Altar sowie die kultische Verbrennung haben am Heiligtum zu erfolgen. Wer genau liest, wird auch bemerken, dass die Torah viele Dinge nicht eigens erklärt: So wird einfach vorausgesetzt, dass der Spender das Tier schächtet (Lev 1,5), wobei nicht erläutert wird, wie dies zu geschehen hat. Von da an übernehmen dann die Kohanim die übrigen Ritualschritte.

Nichttierische Opfergaben: Die Torah kann aber auch ein Speiseopfer als Mehlopfergabe (hebr. *mincha*) vorschreiben. Dann ist die Opfermaterie kein Tier, und es gibt natürlich auch keine besonderen Rituale und Vorschriften für den Umgang mit Blut. Beim Speiseopfer handelt es sich hauptsächlich um Getreide (Weizenmehl, in seltenen Fällen auch Gerstenmehl), dem Öl oder auch Weihrauch beigegeben wird.

Der Opfertisch: Der kupferne Altar ist der Ort, an dessen Sockel das Blut des Tieres ausgegossen wird und auf dem die Teile des Tieres verbrannt werden. Die Schächtung findet nicht auf dem Altar statt. Hierzu wird in der Torah keine Angabe gemacht. Der ›Altar‹ ist also eigentlich ein reiner Verbrennungstisch.

Ins Reine bringen: Die Redewendung geht zurück auf das hebräische Wort »*kipper*«, das üblicherweise als »sühnen« übersetzt wird. Gemeint ist damit, dass man rituell rein sein muss *(tahor)*, um alle Tätigkeiten, die im Zusammenhang mit dem Heiligtum notwendig sind, ausüben zu können oder um sich überhaupt im Umkreis des Heiligtums aufhalten zu können. Dahinter steht der Gedanke, dass sich dem Heiligtum nur Personen nähern dürfen, die im Status der rituellen Reinheit stehen, ein Status, der nach der Torah recht genau definiert ist und durch viele Verordnungen spezifiziert wird.

Rein und Nicht-rein *(tahor und tame)*: So ist zum Beispiel jemand, der eine Leiche oder einen Kadaver berührt hat, rituell nicht rein *(tame)* und kann sich daher erst dann dem Heiligtum nähern, wenn er durch entsprechende Handlungen den Zustand kultischer Reinheit wiedererlangt hat. Weitere Beispiele hierzu finden sich vor allem in den Paraschijot *Tasria* und *Mezora*. Durch die Unterscheidung »rein – nicht-rein« wird das Heiligtum noch einmal in seiner Besonderheit herausgestellt. Denn der Einzelne ist nicht irgendwie auf das Heiligtum hingeordnet, sondern muss sich selbst genau beobachten, ob er überhaupt in der Verfasstheit ist, zum Heiligtum hinzugehen. Zu Beginn der Parascha wird allerdings vom »Rein-Machen« durch eine freiwillige Gabe gesprochen – eine Besonderheit, die darauf hinweist, dass die Notwendigkeit, etwas ins Reine zu bringen, nicht nur durch Fehlverhalten verursacht wird, sondern auch durch das Unterlassen von Geboten. Diese sind ja nicht strafbewehrt, sodass man sich nur freiwillig ins Reine bringen kann.

Ersatzhandlung für die Opfergaben: Spätestens seit der Zerstörung des Jerusalemer Tempels im Jahr 70 n. u. Z. haben die Rabbinen darüber diskutiert, durch welche religiösen Handlungen die Opfergaben zu ersetzen sein könnten. Schließlich waren sie Anordnungen G'ttes und konnten nicht so ohne Weiteres gestrichen werden. Die Rabbinen kamen zu dem Ergebnis, dass es drei Dinge sind, die die Opferhandlungen ersetzen können: Das Gebet, gute Werke und das Studieren der Torah. Das Gebet steht dabei an erster Stelle und wird deshalb vor allem als Pflichtgebet zu festgesetzten Zeiten verstanden: das Schacharit (der Morgeng'ttesdienst) und die Mincha (das Nachmittagsgebet), und dort im engeren Sinn die Amida, das sogenannte Achtzehn-Bitten-Gebet *(Schmone Esre)*, das an den Wochentagen allerdings neunzehn, am Schabbat hingegen nur sieben Bitten enthält. Die Zusammengehörigkeit von Gebet und Opferhandlung zeigt sich auch darin, dass am Schabbat eine Form der Amida als Zusatz *(Mussaf)* eingeschaltet wird, genauso, wie es die Torah für die Opfergabe verlangt. Das Mincha-Gebet geht allerdings nicht unmittelbar auf die Mincha, die Opfergabe der Speise, zurück.

Olah – Opfergaben, die ganz verbrannt werden sollen

1,1–3

וַיִּקְרָא אֶל מֹשֶׁה וַיְדַבֵּר ה' אֵלָיו מֵאֹהֶל מוֹעֵד לֵאמֹר:
דַּבֵּר אֶל בְּנֵי יִשְׂרָאֵל וְאָמַרְתָּ אֲלֵהֶם אָדָם כִּי יַקְרִיב מִכֶּם קָרְבָּן לַה'
מִן הַבְּהֵמָה מִן הַבָּקָר וּמִן הַצֹּאן תַּקְרִיבוּ אֶת קָרְבַּנְכֶם:
אִם עֹלָה קָרְבָּנוֹ מִן הַבָּקָר זָכָר תָּמִים יַקְרִיבֶנּוּ
אֶל פֶּתַח אֹהֶל מוֹעֵד יַקְרִיב אֹתוֹ לִרְצֹנוֹ לִפְנֵי ה':

Der Ewige rief Mosche und erklärte ihm vom Zelt der Begegnung aus nach und nach das Folgende:

»Wenn ihr wollt, dann könnt ihr mir immer wieder freiwillige Geschenke bringen. Ich nenne diese Korbanot, Opfergaben. Zum Beispiel, wenn ihr etwas hättet tun sollen, es aber nicht getan habt. Dann könnt ihr mir eine Opfergabe bringen, damit alles wieder in Ordnung ist. Nur eines müsst ihr dabei beachten: Bringt mir nicht irgendetwas. Wenn ihr mir Opfergaben bringt, dann nur Rinder, Schafe oder Ziegen. Keine anderen Tiere. Hört ihr? Aber es darf auch nicht irgendein Rind sein, das ihr mir dann bringt. Ihr sollt vielmehr darauf achten, dass das Rind männlich ist und ganz gesund. Es darf überhaupt keine Fehler haben. Wenn ihr mir also so ein Rind bringen wollt, dann nehmt ihr es und bringt es an den Eingang des Zeltes. Dort warten die Kohanim und nehmen die Opfergabe entgegen. Auf diese Weise wird die Opfergabe von mir, dem Ewigen, gern angenommen.

Bevor ihr das Rind aber dem Kohen übergebt, müsst ihr eine Hand auf den Kopf des Tieres legen, um anzuzeigen, dass es auch euer Tier ist. Nur so kann die Opfergabe euch wieder mit dem Ewigen ins Reine bringen. Wenn ihr das alles richtig gemacht habt, dann müsst ihr das Rind schächten. Dann kommt der Kohen dazu und fängt das Blut des Tieres auf. Anschließend geht er zum Altar, sprengt das Blut an den Altar und zerlegt das Rind in große Einzelteile.

Währenddessen legt ein anderer der Kohanim ein Feuer auf den Altar. Der Kohen kann dann die Einzelteile des Rindes auf dem Altar im Feuer aufschichten.

Diese Art von Opfergabe nenne ich eine **Olah**, das ist eine Opfergabe, die ganz und gar verbrannt wird, bei der nichts übrig bleibt und von der nichts gegessen werden darf.

Ganz ähnlich sollt ihr es machen, wenn ihr statt eines Rindes ein Schaf oder eine Ziege bringt. Auch diese kleineren Haustiere sollen männlich und gesund sein und dürfen keine sonstigen Fehler haben. Wenn ihr sie zum Eingang des Zeltes bringt, dann sollt ihr diese Tiere ebenfalls neben dem Altar schächten, während der Kohen das Blut auffängt, um es an den Altar zu sprengen. Auch die kleineren Tiere sollen zerlegt werden, und der Kohen soll die Fleischstücke nehmen und sie auf dem Altar aufschichten, um sie darauf ganz zu verbrennen.

Das ist eine Opfergabe, die ganz und gar verbrannt wird, bei der nichts übrig bleibt. Eine Feuergabe soll sie für den Ewigen sein, und der **Duft** wird hochsteigen, und ich werde dann wissen, dass das für mich ist.«

Die Korbanot der Armen

1,14

Und weiter sagte der Ewige zu Mosche: »Wenn einer von euch aber nicht genügend Geld hat, um ein Rind oder ein Schaf zu kaufen, mir aber trotzdem eine Gabe bringen möchte, dann soll er sich eine große Turtel**taube** oder eine kleine junge

* **Opfergaben, die ganz verbrannt werden *(Olah)*,** können freiwillig gebracht werden, sind aber auch Teil der Rituale zu den Festen. In diesem Abschnitt geht es zunächst um freiwillige Gaben, wobei freiwillig keineswegs beliebig heißt: Für die Gaben eignen sich nur männliche Rinder, Schafe oder Ziegen – alles Tiere, die übrigens später als »koscher« eingestuft werden. Anschließend kommen Tauben als Opfertiere hinzu, wenn die Opfernden zu arm sind, um ein reguläres Tier zu schächten.

* **Duft:** Immer wieder ist die Rede davon, dass die Korbanot verbrannt werden sollen – »zum Beruhigungsduft für den Ewigen«. Der aufsteigende duftende Rauch ist gewissermaßen das »Material«, das die Opfergabe mit dem Ewigen verbindet. Und es ist nicht umsonst der Duft, der das bewirkt, denn Duft stellt – zumindest für den antiken Menschen – das immateriellste Substrat dar. Gleichzeitig verweist der Beruhigungsduft auch darauf, dass der Umgang mit dem Ewigen für den Menschen durchaus gefährlich sein kann, wie wir später bei der Erzählung von Nadav und Avihu noch sehen werden, weshalb es einer »Beruhigung« des Ewigen bedarf.

* **Taube:** Dass die Torah auch für die Armen vorsorgt und von ihnen nichts Unmögliches fordert, verdeutlicht die Bedeutung, die den Opfergaben zukommt. Es soll nämlich jeder eine Gabe zum Heiligtum bringen können, auch der Arme, der sich keine Großtiere halten kann. Für die Armen reichen auch Tauben. Aber im Unterschied zu allen anderen Tieren schächtet derjenige, der die Taube zum Heiligtum bringt, sie nicht selbst, vielmehr besorgt dies der Kohen direkt am Altar. Vermutlich, weil bei der Schächtung zu wenig Blut fließt, um es auffangen zu können.

Taube besorgen. Die kann er dem Kohen zum Eingang des Zeltes bringen. Der Kohen wird dann den Kopf des Tieres direkt am Altar abknicken und das Tier auf dem Altar verbrennen. Und auch hier wird der Duft emporsteigen, und ich werde dann wissen, dass das für mich ist.

2,1

Ein ganz armer Mensch kann aber auch eine andere Gabe bringen, die für ihn erschwinglich ist. Dann muss er nur **Mehl** mit Olivenöl und Gewürzen vermischen, wie zum Beispiel Weihrauch. Diese ungesäuerten Fladen bringt er dann zu einem der Söhne Aharons. Und der Kohen nimmt etwas vom Teig und von den Gewürzen und verbrennt das auf dem Altar. Auch dieser Duft wird emporsteigen, und dann werde ich wissen, dass das für mich ist. Was vom Teig übrig bleibt, darf aber der Kohen selbst essen.

Diese Gabe aus Mehl kann der arme Mensch übrigens vorher auch backen, braten oder kochen, das ist alles das Gleiche. Und egal, wie er die Gabe vorher zubereitet, er muss sie zum Eingang des Zeltes bringen und sie dem Kohen übergeben. Der nimmt die Gabe und verbrennt einen Teil davon auf dem Altar, während Aharon und seine Söhne das, was von der Gabe übrig bleibt, selbst essen dürfen.

Aber eines ist wichtig, wenn ein armer Mensch die Opfergabe aus Mehl selbst zubereitet: Sie darf nicht **gesäuert** sein und keine Süße enthalten, also etwa Honig. Dafür darf in diesen Gaben das Salz nicht fehlen, denn das **Salz** ist ein ganz besonderes Zeichen für den Bund mit deinem G'tt.«

* **Mehlopfergabe *(mincha)*:** Wie Raschi erklärt, soll die Mincha auch den ganz Armen ermöglichen, eine Gabe zum Heiligtum zu bringen, da Mehl und Öl die einfachsten Lebensmittel sind. Im Unterschied zu den tierischen Gaben wird nur ein Teil des Teigs auf dem Altar verbrannt, während der Rest als heiliges Essen vom Kohen gegessen werden darf, nicht aber von demjenigen, der die Gabe gebracht hat.

* **Ungesäuerter Teig** spielte schon bei den Vorschriften für Pessach eine wichtige Rolle, da in dieser Zeit nur ungesäuerter Teig verarbeitet und gegessen werden darf (vgl. Paraschat *Bo* im Buch *Schemot*). Ungesäuert meint, dass das Mehl mit der Flüssigkeit so schnell verrührt und gebacken, gekocht oder gebraten werden muss, dass der entstandene Teig nicht aufquellen kann.

* **Das Salz** ist für alle Korbanot eine derart wichtige Zutat, dass es sogar für den Bund mit dem Ewigen als besonderes Zeichen betrachtet wird. So werden bis heute auch die Challot (Hefebrote), die am Freitagabend nach dem Kiddusch gegessen werden, vor dem Verzehr gesalzen. Im vierten Buch *Bamidbar* (Paraschat *Korach*, Num 18,19) wird sogar von einem »Salzbund« gesprochen.

Sevach Schlamim – Opfergaben zum Frieden

3,1
Und weiter sagte der Ewige zu Mosche: »Möchte jemand einen Sevach Schlamim, eine **Opfergabe zum Frieden,** bringen, dann kann er dazu ein Rind nehmen. Dieses Rind darf keine Fehler aufweisen, aber es darf männlich oder weiblich sein. Auch hier bringt er das Tier zum Zelt der Begegnung, legt eine Hand auf den Kopf des Tieres und schächtet es dort am Eingang. Der Kohen fängt das Blut auf und sprengt es an den Altar. Dann soll der Kohen einige Fettstücke und einige Innereien des Tieres nehmen und sie auf dem Altar verbrennen, damit der Duft aufsteigen kann und ich dann weiß, dass das für mich ist.

Man kann auch statt eines Rindes ein Schaf oder eine Ziege bringen. Mit diesen Tieren ist aber genauso zu verfahren wie mit dem Rind. Bedenkt jedoch, dass ihr vom Fett und vom Blut unter keinen Umständen etwas essen dürft.«

* **Die Opfergabe zum Frieden** ***(sevach schlamim)*** wird ebenfalls aus unterschiedlichen Anlässen gebracht und besteht aus Rind, Schaf oder Ziege. Allerdings gibt es wichtige Unterschiede zu den Opfergaben, die ganz verbrannt werden: Hier sind auch weibliche Tiere zugelassen, und nicht das ganze Tier, sondern nur einzelne Fettschichten und einzelne Organe werden verbrannt. Der Rest steht demjenigen als Speise zur Verfügung, der das Tier als Opfergabe gebracht hat. Die gemeinsame Mahlzeit wird als eine Art friedensstiftende Handlung gesehen.

Chattat – Opfergaben zur Reinigung

4,1
Und der Ewige sprach weiter mit Mosche und sagte ihm: »Sag den Kindern Jisraels: Es kann vorkommen, dass jemand aus Versehen und ohne Absicht ein Verbot übertritt, das der Ewige gegeben hat. Dann hat er die Möglichkeit und die Pflicht, eine Chattat, eine **Opfergabe zur Reinigung**, zu bringen. Dann muss er auch keine Strafe fürchten.

Aber es kommt ganz darauf an, wer ein Verbot aus Versehen übertreten hat: War es ein Kohen oder die ganze Gemeinde? War es ein Vorsteher der Gemeinde oder ein gewöhnlicher Jisraelit? Denn jeder von ihnen muss eine etwas andere Opfergabe zur Reinigung bringen.

* **Die Opfergabe zur Reinigung** ***(chattat)*** hat – gegenüber den bisherigen Opfergaben – einen je eigens beschriebenen Anlass: Sie soll jemanden, der aus Versehen eine Übertretung begangen hat, wieder *ins Reine bringen*. Nach Raschi entgeht jemand, der ein Reinigungsopfer bringt, der Strafe, die er angesichts eines solchen Vergehens eigentlich zu erwarten hätte.

* **Der gesalbte Kohen:** Die Torah geht davon aus, dass niemand, nicht einmal der gesalbte Kohen, der Hohepriester, seinen Dienst fehlerfrei erfüllt. Deshalb wird grundsätzlich die Möglichkeit einer Bereinigung von Fehlern eingeräumt. Dahinter steckt die Vorstellung, dass jeder Fehler, den ein Kohen im Rahmen seines Dienstes begeht, und sei er noch so klein, das Heiligtum »verunreinigt«, also seine Heiligkeit angreift. Deshalb muss jeder Fehler wieder ins Reine gebracht werden.

* **Die ganze Gemeinde:** Es gibt also auch Fälle, in denen sich nicht nur Einzelne, sondern die ganze Gemeinde einer Verfehlung schuldig macht, sodass jeder Einzelne betroffen ist. Diese Gesamtheit wird entweder von den Ältesten oder dem Gerichtshof repräsentiert, die dann für die ganze Gemeinde handeln können.

Hat der **gesalbte Kohen** ein Verbot des Ewigen übertreten, weil er nicht daran gedacht oder das Verbot nicht gekannt hat, dann hat nicht nur er etwas falsch gemacht, sondern er bringt das ganze Volk in eine Schuld. Denn der Kohen handelt ja für das ganze Volk. Um diese Schuld zu bereinigen, soll er einen dreijährigen Stier bringen, der keine Krankheiten oder andere Fehler hat. Er soll den Stier zum Eingang des Zeltes bringen, dort soll er die Hand auf den Kopf des Tieres legen und ihn vor dem Ewigen schächten. *Dann soll er von dem Blut des Tieres nehmen und es in das Zelt der Begegnung bringen. Dort soll er seinen Finger in das Blut tauchen und mit dem Blut siebenmal auf den Vorhang des Heiligtums sprengen und anschließend noch etwas Blut an die Hörner des goldenen Altars schmieren. Den Rest des Blutes soll er aber unten an den kupfernen Altar schütten. Anschließend soll er alles Fett des Stieres und bestimmte Innereien herausschneiden und auf dem Altar verbrennen. Alles, was übrig ist – also das Fell, den Kopf, das Fleisch, die Knochen und so weiter – soll er dagegen vor das Lager hinausbringen, an einen reinen Ort, dorthin, wo man auch die Asche vom Altar wegwirft. Dort soll der Rest des Tieres verbrannt werden.*

Nun kann es auch vorkommen, dass nicht nur ein Einzelner ein Verbot übertritt, sondern die ganze Gemeinde, also alle ein Verbot aus Versehen und ohne, dass sie es wussten, übertreten. In diesem Fall soll **die ganze Gemeinde** einen jungen Stier als Chattat zum Eingang des Zeltes der Begegnung bringen. Dann sollen die Ältesten der Gemeinde vortreten und ihre Hände auf den Kopf des Stieres legen. Danach soll der Stier geschächtet werden. *Und der gesalbte Kohen verfährt auch dieses Mal wieder so wie bei der Chattat eines Kohen: Siebenmal sprengt er Blut mit dem Finger auf den Vorhang und schmiert etwas Blut an die Hörner des goldenen Altars. So macht der Kohen die Übertretung ungeschehen, und der Gemeinde wird vergeben. Auch hier gilt, dass er den Rest des Tieres vor das Lager bringen und dort verbrennen soll.*

Kommt es vor, dass ein Fürst, das heißt ein Vorsteher der Gemeinde, ein Verbot des Ewigen aus Versehen übertritt und sein Versehen erst später bemerkt, dann soll er einen Ziegenbock, der ganz ohne jeden Fehler ist, zum Zelt der Begegnung bringen. Dort soll er seine Hand auf den Kopf des Tieres legen und es anschließend schächten. *Dann soll der Kohen vom Blut nehmen und damit in das Zelt gehen. Dort soll er den Finger in das Blut tauchen und die Hörner des kupfernen Altares beschmieren und das restliche Blut unten an diesen Altar schütten. Auch von diesem Tier soll er alles Fett abtrennen und es auf dem Altar in Rauch aufgehen lassen. So macht der Kohen das Vergehen, das der Vorsteher begangen hat, ungeschehen und es wird ihm vergeben.*

Soll ein gewöhnlicher Jisraelit eine Chattat, eine Opfergabe zur Reinigung, bringen, so geschieht es ganz ähnlich wie beim Fürsten. Nur bringt ein gewöhnlicher Jisraelit keine männliche Ziege, sondern eine weibliche zum Zelt. Auch er soll seine Hand auf die Ziege legen und sie am Eingang des Zeltes schächten. *Der Kohen soll vom Blut der Ziege nehmen und damit die Hörner des kupfernen Altares beschmieren und den Rest des Blutes unten an diesen Altar ausgießen. Danach soll der Kohen alles Fett und andere Innereien des Tieres nehmen und all das auf dem Altar verbrennen. Damit macht der Kohen die Übertretung ungeschehen und erreicht, dass ihm vergeben wird.*

Der gewöhnliche Jisraelit kann auch statt einer Ziege ein Schaf zum Zelt bringen. Auch das muss weiblich und ohne Fehler sein.

5,1

Die Chattat, die Opfergabe zur Reinigung, wird aber noch für viele weitere Vergehen zum Heiligtum gebracht. Ein Mensch kann nämlich auf sehr unterschiedliche Weise ein Verbot übertreten und sich dadurch schuldig machen:

Hat er zum Beispiel als ***Zeuge*** *eine Untat gesehen, sagt aber vor Gericht nicht aus, dann hat er sich schuldig gemacht. Oder er berührt etwas Nicht-Reines, wie zum Beispiel ein Aas oder eine Leiche, und geht so, nicht-rein geworden, zum Heiligtum, ohne daran zu denken, dass er nicht-rein ist, dann hat er sich ebenfalls schuldig gemacht. Oder er macht irgendeinen Schwur, wie man*

* **Zeuge:** Aus dieser Anweisung haben später die Rabbinen die Pflicht abgeleitet, als Zeuge vor Gericht auszusagen.

ihn eben macht, und er denkt an den Schwur nicht mehr und hält ihn nicht ein, dann hat er sich ebenfalls schuldig gemacht.

5,5–6

וְהָיָה כִי יֶאְשַׁם לְאַחַת מֵאֵלֶּה וְהִתְוַדָּה אֲשֶׁר חָטָא עָלֶיהָ:
וְהֵבִיא אֶת אֲשָׁמוֹ לַה' עַל חַטָּאתוֹ אֲשֶׁר חָטָא
נְקֵבָה מִן הַצֹּאן כִּשְׂבָּה אוֹ שְׂעִירַת עִזִּים לְחַטָּאת
וְכִפֶּר עָלָיו הַכֹּהֵן מֵחַטָּאתוֹ:

Wenn nun jemand sich schuldig fühlt, weil er sich erinnert, was er getan hat, dann soll er seine **Schuld bekennen** und ein weibliches Schaf oder eine Ziege als Opfergabe zur Reinigung bringen. Auf diese Weise bringt der Kohen diesen Menschen wieder ins Reine.

Sollte derjenige, der etwas Unrechtes getan hat, zu arm sein, um sich ein Schaf oder eine Ziege leisten zu können, dann kann er auch zwei Tauben oder zwei junge Tauben bringen.

Hat jemand aber auch nicht genug Geld, um sich Tauben als Opfergabe zu kaufen, dann soll er feinstes Mehl nehmen und das als eine Chattat bringen. Es soll aber Mehl ohne Öl und ohne Weihrauch sein! Das Mehl soll er zum Kohen bringen, damit dieser es entgegennimmt und eine Handvoll davon verbrennt. Von allen diesen Opfergaben gehört der Rest den Kohanim.«

Ascham – Opfergaben für die Schuld

5,14

Und weiter sagte der Ewige zu Mosche: »Hat jemand aus Versehen etwas von den heiligen Speisen entwendet, die allein dem Ewigen zustehen, und er merkt erst später, dass er sich nicht richtig verhalten hat, dann soll er einen zweijährigen Widder ohne Fehler als Ascham, als **Opfergabe für die Schuld**, bringen. Aber natürlich genügt das allein nicht, denn er muss auch das, was er aus dem Heiligtum entwendet hat, wieder zurückbringen oder es ersetzen. Aber er soll es nicht nur erset-

* **Schuld bekennen:** Bei den aufgeführten Übertretungen, die jemanden in Gewissensnöte bringen, ist es wichtig, das, was man falsch gemacht hat, zu bekennen, also beim Namen zu nennen und es zu bereuen. Dieses Selbstbekenntnis ist die Voraussetzung für die Opfergabe. Im späteren Judentum hat sich daraus der wichtige Gedanke der *Tschuva*, der Rückkehr auf den richtigen Weg, entwickelt, der das Wiedergutmachen von Fehlern, Sünden und Verfehlungen nie nur als formales Bekennen und Ableisten irgendwelcher Rituale verstanden hat.

* **Die Opfergabe für die Schuld** (*Ascham*) ist vom Anlass her der Opfergabe zur Reinigung sehr ähnlich. Es geht auch hier wieder um Übertretungen, die man aus Versehen begangen hat. Allerdings handelt es sich diesmal um Übertretungen, die einen Schaden anrichten und deshalb – zusätzlich zum Opfertier – einen Ausgleich für den Schaden erforderlich machen. Darüber hinaus kommt diese Opfergabe auch bei Fällen zur Anwendung, bei denen noch nicht einmal sicher ist, dass tatsächlich eine Schuld vorliegt. Stellt sich die Schuld später heraus, dann muss danach eine Chattat, eine Opfergabe zur Reinigung, gebracht werden.

zen, er soll sogar noch etwas dazutun und auch das dem Kohen bringen. Dann kann der Kohen ihn mit dem Ascham, der Opfergabe für die Schuld, wieder ins Reine bringen.

So soll es auch derjenige halten, der ein Verbot des Ewigen übertreten hat, sich aber **nicht sicher ist**, ob er wirklich etwas falsch gemacht hat. Auch dieser soll dem Kohen einen Widder ohne jeden Fehler bringen, damit der Kohen ihn mit dem Ascham, der Opfergabe für die Schuld, wieder ins Reine bringen kann. Denn er hat mit seiner Übertretung möglicherweise schwere Schuld auf sich geladen, und deshalb braucht er eine solche Opfergabe.

Die Opfergabe für die Schuld ist aber auch für viele andere Fälle vorgesehen: zum Beispiel, wenn jemand etwas behält, was er von einem anderen nur zur Aufbewahrung bekommen hat. Oder wenn jemand einem anderen etwas geraubt hat. Oder wenn jemand etwas findet, aber leugnet, es gefunden zu haben. Dann kann es sein, dass er **seine Tat bereut** und sich tatsächlich schuldig fühlt. Dann soll er das, was er anderen geraubt oder vorenthalten hat, zurückgeben, und zwar soll er es nach seinem vollen Wert zurückgeben und noch etwas dazutun. Um aber seine Missetat auch dem Ewigen gegenüber wiedergutzumachen, soll er einen Widder ohne Fehler als Opfergabe dem Kohen bringen. Und der Kohen soll ihn mit der Opfergabe für die Schuld wieder ins Reine bringen. Und er wird dadurch wieder ins Reine gebracht, egal, womit er sich schuldig gemacht hat.«

* **Der Zweifelsfall** zeigt uns, dass es nicht allein auf das subjektive Gefühl ankommt, etwas falsch gemacht zu haben. Die Torah geht davon aus, dass ein Vergehen eine objektive Tatsache ist, die besonders das Heiligtum betrifft. Deshalb muss jemand, der sich nicht sicher ist, ob er überhaupt etwas falsch gemacht hat, zur Vorsicht eine Opfergabe für die Schuld bringen.

* **Seine Tat bereuen** heißt, dass man nach der Torah eine Schuld nicht einfach ungeschehen machen kann, indem man zum Beispiel das Geraubte mit Gewissensbissen zurückgibt. Vielmehr ist derjenige, der eine Schuld auf sich geladen hat, auch dem Ewigen gegenüber in ein Missverhältnis geraten, das durch eine Opfergabe ausgeglichen werden muss. Denn die zivilrechtlichen Vorschriften der Torah sind eben auch Mizwot, die der Ewige angeordnet hat.

PARASCHAT ZAW – Befiehl!

Lev 6,1–8,36

Diese Parascha wird nicht nur im regulären Zyklus der Torah-Lesung rezitiert, sondern hat mit Lev 6,1–6 (Vorschriften für die Opfergaben, die ganz verbrannt werden) Eingang in die sogenannten Korbanot des täglichen Schacharit-Gebetes gefunden. Aus dem Vers Lev 7,12 (Dankopfer) wurde der spätere Brauch der Birkat ha-Gomel (Dankgebet) abgeleitet, bei dem man sich nach der Torah-Lesung dafür bedankt, aus einer großen Gefahr errettet worden zu sein.

Als Haftara wird zu dieser Parascha Jer 7,21–8,3 und 9,22–23 gelesen. Während die Parascha den Opferdienst neutral beschreibt, prangert Jirmejahu den falschen Opferdienst an.

Einleitung

Nachdem in Paraschat *Wajikra* alle Jisraeliten aufgerufen wurden, dem Ewigen Opfergaben zu bringen, um sich auf diese Weise auf das Heiligtum hin zu orientieren, geht es in dieser Parascha vor allem um das Heiligtum und um die Kohanim – die Menschen, die einen besonderen Dienst am Heiligtum verrichten. Die Kohanim werden in dieser Parascha »eingesetzt«, also hier überhaupt erst zu Kohanim gemacht. Das Besondere ist, dass bei dieser Gelegenheit Mosche, der ja kein Kohen ist, einmalig als solcher fungiert. Er vollzieht die unterschiedlichen Riten, um die Kohanim einzusetzen, weil er der Einzige ist, der diese priesterliche Aufgabe erfüllen kann. Gleichwohl ist es bezeichnend, dass Mosche, der traditionell ja als der Prophet schlechthin betrachtet wird, eben nicht selbst zum Kohen wird. Mosches Funktion und Gestalt ist einmalig und kann nicht in ein reguläres Amt überführt werden.

Wozu braucht man nach der Torah die Kohanim? Die Kohanim verrichten den Dienst am Heiligtum. Durch das Heiligtum kommt G'tt mit den Jisraeliten zusammen und spricht zu Mosche. Nach jüdischer Vorstellung können die Sphäre des Ewigen und die Sphäre des Menschen nicht ohne Weiteres zusammengebracht werden. Nur Mosche kann als einziger Mensch eine gewisse Nähe zum Ewigen aushalten, also steigt er auch stets allein auf den Berg Sinai, um mit dem Ewigen zu reden. Alle anderen Jisraeliten sind nicht in der Lage, den Heiligen auszuhalten. Deshalb sollen die Jisraeliten stets auf das Heiligtum hin orientiert sein (das Heiligtum bildet die Mitte des Lagers der Jisraeliten!). Das bedeutet aber nicht, dass sie im Heiligtum einfach so ein- und ausgehen sollen. Man bringt Opfergaben an das Heiligtum (um auf das Heiligtum ausgerichtet zu sein!), aber ohne hineinzugehen. Es sind die Kohanim, die im Heiligtum die einzelnen Rituale vollziehen, die dort für die Opfergaben notwendig sind. Die Kohanim verdeutlichen, dass der Bereich des Heiligen auch ein heiliger Bereich ist, der nicht entwürdigt werden darf, und dass G'tt nicht einfach vom Menschen eingenommen werden kann. G'tt ist G'tt, und Mensch ist Mensch.

Aber diese Parascha zeigt darüber hinaus auch, dass die Kohanim nicht von sich aus etwas Besonderes, etwas Heiliges sind. Zwar verrichten sie ihren Dienst im Heiligtum und gehören damit in den heiligen Bereich (und nicht in den profanen), aber sie müssen für diesen Dienst eigens eingesetzt, also »heilig gemacht« werden, indem sie eingekleidet und gesalbt werden. Erst durch die Einsetzung als Kohanim, zu der alle Jisraeliten zusammengerufen werden, können sie als solche im Heiligtum agieren. Die Einsetzung macht also deutlich, dass die Kohanim nicht einfach eine abgehobene Gruppe von besonderen Menschen sind, sondern die gesamte Gemeinde im Heiligtum repräsentieren.

Heiligkeit: Neben den Opfergaben und den Kohanim ist dieser Begriff im Buch *Wajikra* (wie schon zuvor im Buch *Schemot*) von entscheidender Bedeutung. Heiligkeit wird dort »erzeugt«, wo G'tt als präsent gedacht wird. Wenn G'tt in der Welt aber irgendwie präsent sein will, dann nur unter sehr speziellen Bedingungen. Denn G'tt ist eben keine profane Größe und kann nicht in dieser Welt aufgehen. Also muss ein Raum, ein heiliger Raum, geschaffen werden, der G'ttes Präsenz in der Welt ermöglichen kann, ohne dass G'tt in seiner Heiligkeit von der Profanität der Welt berührt wird. Aus diesem Grund wurde schon im Buch *Schemot* ein enormer Aufwand getrieben, ein Heiligtum zu errichten, das nicht für jedermann zugänglich ist. In diesem Buch *Wajikra* lässt sich nun der enorme Aufwand erkennen, der betrieben wird, um den Austausch zwischen heiligem und profanem Bereich zu ermöglichen. Dafür sind insbesondere die Kohanim zuständig. Sie sorgen dafür, dass eine grundsätzliche Kommunikation zwischen profanem und heiligem Bereich möglich ist (Opfergaben bringen) und dass sich beide Bereiche dennoch nicht vermischen. Die Jisraeliten müssen ebenso wie ein kultisch nicht tauglicher Kohen draußen bleiben.

Blut: Für die Kommunikation zwischen heiligem und profanem Bereich ist das Blut ein entscheidendes Element. Denn nur das Blut kann vom profanen in den heiligen Bereich gebracht werden, nur das Blut bringt Menschen, die sich fehlverhalten haben, wieder ins Reine, nur das Blut ist in der Lage, das Heiligtum selbst von den ganzen Unreinheiten zu reinigen. Also müssen stets Opfertiere geschächtet werden, um das Material »Blut« zur Verfügung zu haben. Noch eindringlicher: Man darf ein Tier nicht einfach für sich schächten, da sonst das Blut des geschächteten Tieres umsonst vergossen, also nicht an den Altar gebracht werden würde. Dies geht auf die Vorstellung zurück, dass das Blut Träger des Lebens ist und insofern nie vergeblich vergossen werden darf, auch das Blut des Tieres nicht.

Der Kohen und die Olah

6,1–3

וַיְדַבֵּר ה' אֶל מֹשֶׁה לֵּאמֹר:
צַו אֶת אַהֲרֹן וְאֶת בָּנָיו לֵאמֹר זֹאת תּוֹרַת הָעֹלָה הִוא הָעֹלָה עַל מוֹקְדָה
עַל הַמִּזְבֵּחַ כָּל הַלַּיְלָה עַד הַבֹּקֶר וְאֵשׁ הַמִּזְבֵּחַ תּוּקַד בּוֹ:
וְלָבַשׁ הַכֹּהֵן מִדּוֹ בַד וּמִכְנְסֵי בַד יִלְבַּשׁ עַל בְּשָׂרוֹ
וְהֵרִים אֶת הַדֶּשֶׁן אֲשֶׁר תֹּאכַל הָאֵשׁ אֶת הָעֹלָה עַל הַמִּזְבֵּחַ
וְשָׂמוֹ אֵצֶל הַמִּזְבֵּחַ:

Und weiter sagte der Ewige zu Mosche: »Bisher habe ich euch gesagt, welche Opfergaben die Kinder Jisraels mir bringen können und sollen. Nun möchte ich euch wissen lassen, was Aharon und seine Söhne zu tun haben:

Wenn die Kohanim eine Olah, also eine Opfergabe, die ganz verbrannt werden soll, zum Altar bringen, dann müssen sie genau darauf achten, dass die Opfergabe dort die ganze Nacht durch brennt, solange, bis sie vollständig verbrannt ist.

Teil der sogenannten Korbanot im Schacharit-G'ttesdienst

Am anderen Morgen soll sich dann der Kohen seine Leinenkleider anziehen und die Asche der Opfergabe vom Altar nehmen und neben dem Altar ablegen.

Ende der Korbanot im Schacharit-G'ttesdienst

Aber dort darf die Asche nicht liegenbleiben. Deshalb soll sich der Kohen wieder umziehen und dann die Asche an einen **reinen Ort außerhalb des Lagers** bringen.

Der Kohen muss immer darauf achten, dass das Feuer auf dem kupfernen Altar nie erlischt. Er soll jeden Morgen Holz auf dem Altar entzünden und eine Opfergabe, die ganz verbrennt, darauflegen. Auch Teile eines Sevach Schlamim, einer Opfergabe zum Frieden, soll er darauflegen und sie verbrennen lassen. Und so soll ständig ein Feuer auf dem Altar brennen, **ein Feuer, das nie erlischt.**«

* **Der reine Ort außerhalb des Lagers:** Opfergaben, die dem Ewigen gebracht worden sind, gehören in den heiligen Bereich. Insofern kann die Asche einer Opfergabe nicht einfach beliebig entsorgt werden, sondern bedarf ebenfalls einer besonderen Behandlung. Für die Asche ist deshalb ein reiner Ort außerhalb des Lagers vorgesehen, sodass diese Überreste einer Opfergabe nicht einfach wieder im gewöhnlichen Bereich landen.

* **Das Feuer, das nie erlischt:** Nach dieser Bestimmung brennt auf dem kupfernen Altar durchgehend ein Feuer, sodass zu jeder Zeit eine Opfergabe gebracht werden kann. Die Tradition des *ner tamid*, des Lichtes, das in den Synagogen durchgängig brennt, wenn sich die Torah-Rollen im Torah-Schrein befinden, wird deshalb auch mit diesem »ewigen Feuer« begründet.

Der Kohen und die Mincha

6,7
»Und so sollt ihr mit einer Opfergabe der Speise umgehen: Wenn jemand eine solche Opfergabe bringt, dann soll der Kohen sie zum Altar bringen, dort die Gabe in Rauch aufgehen lassen, damit der Ewige weiß, dass sie für ihn bestimmt ist. Alles, was der Kohen nicht auf den Altar gelegt und verbrannt hat, können die Söhne Aharons essen. Aber das müssen sie dabei beachten: Sie sollen diese Speise zusammen mit ungesäuerten Broten essen, und sie sollen sie an einem heiligen Ort essen, also am besten auf dem Hof des Zeltes. Alle Söhne von Aharon dürfen davon essen. Und weil alles, was mit dieser **heiligen Speise** in Berührung kommt, selbst heilig wird, sollt ihr mit dieser Speise besonders achtsam umgehen.«

Die Opfergabe des Aharon

6,12
Dann sagte der Ewige zu Mosche: »Aharon und seine Söhne sollen aber selbst auch eine **Opfergabe** bringen, wenn sie in ihren Dienst am Heiligtum eingeführt werden. Sie sollen also feines Mehl zusammen mit Öl in einer Pfanne anbraten und dann in Stücke zerbröseln. Das ist eine Opfergabe der Speise, die aber auf dem Altar ganz in Rauch aufgehen soll, damit der Ewige weiß, dass das für ihn bestimmt ist. Und von da an soll der Kohen, der gesalbt worden ist, jeden Morgen und jeden Abend eine Hälfte dieser Opfergabe bringen, eine Hälfte am Morgen, die andere Hälfte am Abend. Das darf er nie vergessen, denn das soll für immer gelten. Und noch etwas Besonderes hat diese Opfergabe: Sie muss vollständig verbrannt werden, nichts darf davon gegessen werden.«

* **Heilige Speise** (*mincha*): Da die Mincha nur zu Teilen auf dem Altar verbrannt wird, soll der Rest von den Kohanim verzehrt werden. Während andere Opfergaben auch von den einfachen Leuten verzehrt werden können, wird hier eigens darauf hingewiesen, dass es eine heilige Speise ist. Und gemäß der Vorstellung des Buches *Wajikra* muss alles, was als »heilig« eingestuft wird, sehr genau beachtet werden. Deshalb kann es nicht irgendwo und von irgendwem verzehrt werden, sondern muss im heiligen Bereich (hier: im Vorhof des Zeltes der Begegnung) verbleiben und steht nur den männlichen Mitgliedern der Familien der Kohanim zu. Damit soll verhindert werden, dass sich das Heilige in das Profane hinein ausdehnt. Eine Vermischung beider Bereiche ist aus Sicht der Torah undenkbar und führt zum gefährlichen Kurzschluss.

* **Die Opfergabe des Aharon:** Der Hohepriester, der Kohen ha-Maschiach, bringt eine eigene Opfergabe. Auch die Kohanim, die in den Dienst eingesetzt werden, müssen einen solchen Korban bringen. Sie müssen dies aber jeden Morgen und jeden Abend tun und die Opfergabe ganz verbrennen. Obwohl es sich um eine Mincha handelt, die normalerweise zur Speise gedacht ist, darf sie nicht verzehrt werden.

Der Kohen und die Chattat

6,17

Dann sagte der Ewige zu Mosche: »Und das sollt ihr beachten, wenn ihr eine Chattat, eine Opfergabe, die euch ins Reine bringen soll, zum Altar bringt: Diese Opfergabe wird am Eingang des Zeltes geschächtet, also dort, wo schon die Olah geschächtet wird. Die Chattat ist heilig. Trotzdem darf der Kohen davon essen. Aber weil diese Opfergabe heilig ist, darf nur der Kohen davon essen, der sie zum Altar gebracht hat. Auch darf er sie nicht überall essen. Weil sie heilig ist, muss er im heiligen Bereich bleiben und sie dort essen, also am Besten im Vorhof des Zeltes.

Und auch hier ist es so, dass diese Opfergabe **alles heilig macht**, was sie berührt. Deshalb musst du sehr vorsichtig damit umgehen. Denn wenn zum Beispiel Blut von dieser Opfergabe auf dein Kleid spritzt, dann darfst du dieses Kleid nur an einem heiligen Ort, also im Vorhof, waschen. Und wenn das Gefäß, in dem du die Opfergabe gekocht hast, aus Ton ist, so musst du es zerbrechen. Denn ein solches Gefäß kannst du **nicht mehr reinigen**.«

Der Kohen und der Ascham

7,1

»Und so sollt ihr mit dem Ascham, der Opfergabe für die Schuld, umgehen: Diese Opfergabe ist sehr, sehr heilig. Sie wird ebenfalls dort geschächtet, wo auch die anderen Opfergaben geschächtet werden. Das Blut wird aufgefangen und an den Altar gesprengt. Auch hier sollst du verschiedene **Innereien** des Tieres heraustrennen, die Nieren, das Eingeweidefett, und sie auf dem Altar für den Ewigen verbrennen. Alles, was nicht

* **Heiliges macht heilig:** Auch im Abschnitt über die heilige Opfergabe zeigt sich die Dynamik der Heiligkeit: Was heilig ist, macht anderes durch Berührung wiederum heilig, manche sprechen hier sogar von Kontamination. Daraus folgt allerdings nicht die Aufforderung, möglichst vieles mit diesem Heiligen zu berühren, damit immer mehr heilig wird. Im Gegenteil: Heiliges muss am heiligen Ort verbleiben. So wenig, wie der Kohen Heiliges aus dem Heiligtum heraustragen darf, so wenig darf er mit Heiligem beschmutzte Dinge wie Kleidung außerhalb des Heiligtums reinigen.

* **Nicht mehr reinigen:** Folgerichtig zu dem beschriebenen Prinzip der Kontamination ist ein Wiedergebrauch von Gegenständen, die nicht mehr zu reinigen sind, ausgeschlossen. Metallische Behältnisse können ausgewaschen werden, aber Tongefäße können nicht gereinigt werden und sind deshalb zu zerstören. Dahinter steht die Vorstellung, dass sich die Poren der Tongefäße nie so reinigen lassen, dass keine Essensreste mehr vorhanden sind. Der Talmud schreibt sogar vor, die Tonscherben im Vorhof zu vergraben (bZev 96a). Aus der biblischen Anordnung haben die Rabbinen später den allgemeinen Grundsatz zum Kaschern von Gefäßen in Privathaushalten abgeleitet: Wird ein Metallgefäß verunreinigt, kann es nach einer Reinigung gekaschert, also gereinigt werden. Tongefäße (dazu zählt Porzellan- oder Steingutgeschirr) dagegen können nicht gekaschert und müssen außer Gebrauch gesetzt werden.

* **Innereien:** Aus den biblischen Vorschriften im Umgang mit tierischen Eingeweiden wurden später Kaschrut-Regeln abgeleitet. So haben die Rabbinen beispielsweise festgelegt, dass die Leber gebraten werden muss, weil sie fast vollständig aus Blut besteht.

auf dem Altar verbrannt wird, gehört dir, und alle deine männlichen Angehörigen dürfen davon essen. Und auch hier gilt, dass das Fleisch nur an einem heiligen Ort gegessen werden darf, also im Vorhof des Zeltes.

Und überhaupt gilt: Die Kohanim, die die Opfergaben darbringen, dürfen all das, was man essen darf, auch selbst essen.«

Der Kohen und der Sevach Schlamim

7,11–13

וְזֹאת תּוֹרַת זֶבַח הַשְּׁלָמִים אֲשֶׁר יַקְרִיב לַה':
אִם עַל תּוֹדָה יַקְרִיבֶנּוּ וְהִקְרִיב עַל זֶבַח הַתּוֹדָה
חַלּוֹת מַצּוֹת בְּלוּלֹת בַּשֶּׁמֶן וּרְקִיקֵי מַצּוֹת מְשֻׁחִים בַּשָּׁמֶן
וְסֹלֶת מֻרְבֶּכֶת חַלֹּת בְּלוּלֹת בַּשָּׁמֶן:
עַל חַלֹּת לֶחֶם חָמֵץ יַקְרִיב קָרְבָּנוֹ עַל זֶבַח תּוֹדַת שְׁלָמָיו:

»Ein **Sevach Schlamim**, eine Opfergabe zum Frieden, könnt ihr aus ganz unterschiedlichen Gründen erbringen. Zum Beispiel, um euch bei G'tt zu bedanken, dass ihr aus großer Not errettet worden oder von einer schweren Krankheit genesen seid. Wer von euch dem Ewigen auf diese Weise danken möchte, der soll seine Opfergabe zum Heiligtum bringen.

* **Der Sevach Schlamim**, die Opfergabe zum Frieden, wird unter anderem auch zum Dank dargebracht. Daraus hat sich im späteren Judentum der Brauch entwickelt, die sogenannte Birkat ha-Gomel als Dank zu beten, wenn man zum Beispiel aus großer Not errettet wurde, von schwerer Krankheit genesen ist oder wenn ein Kind geboren wurde. Die Opfergabe besteht aus zwei Teilen: dem Opfertier, das zum Eingang des Zeltes gebracht wird, und den verschiedenen Broten, von denen dem Kohen ein Teil zusteht. Wie bereits in Paraschat *Wajikra* beschrieben, steht auch hier die Mahlzeit der Opfernden im Vordergrund.

Dann aber soll er verschiedene ungesäuerte und gesäuerte Brote, Fladenbrote und Kuchen zubereiten und diese ebenfalls zum Kohen bringen, der zuvor schon die Opfergabe zum Frieden angenommen und das Blut davon an den Altar gesprengt hat. Einen Teil dieser Brote soll er nun dem Kohen übergeben. Dieser Teil gehört dem Kohen.

Hat der Kohen das Blut von der Opfergabe an den Altar gesprengt, dann kann der, der sich bedanken möchte, das Fleisch des Opfertieres essen. Es soll noch am selben Tag, an dem das Tier geschächtet worden ist, gegessen werden. Bis zum nächsten Morgen darf nichts mehr davon übrig bleiben.

Möchte aber jemand von euch eine freiwillige Gabe bringen, so benötigt er dazu keine Brote. Er bringt nur die Opfergabe zum Frieden zum Heiligtum. Aber er kann das Fleisch dieser Opfergabe am

Tag der Schächtung und am darauffolgenden Tag essen. Allerdings darf er von dem Fleisch am dritten Tag nichts mehr essen. Alles, was dann noch übrig ist, muss verbrannt werden. Wer aber trotzdem noch am dritten Tag von dem Fleisch isst, der macht sich schuldig und hat einen großen Fehler begangen.

Wer darf aber von dem Friedensopfer essen? Jeder, der rein ist, darf von dem Fleisch essen. Wer also nicht **rein** ist, der darf, solange er nicht-rein ist, nicht von dem Fleisch der Opfergabe essen.«

Was man von dieser Opfergabe nicht essen darf

7,22–27

וַיְדַבֵּר ה' אֶל מֹשֶׁה לֵּאמֹר:
דַּבֵּר אֶל בְּנֵי יִשְׂרָאֵל לֵאמֹר כָּל חֵלֶב שׁוֹר וְכֶשֶׂב וָעֵז לֹא תֹאכֵלוּ:
וְחֵלֶב נְבֵלָה וְחֵלֶב טְרֵפָה יֵעָשֶׂה לְכָל מְלָאכָה וְאָכֹל לֹא תֹאכְלֻהוּ:
כִּי כָּל אֹכֵל חֵלֶב מִן הַבְּהֵמָה אֲשֶׁר יַקְרִיב מִמֶּנָּה אִשֶּׁה לַה'
וְנִכְרְתָה הַנֶּפֶשׁ הָאֹכֶלֶת מֵעַמֶּיהָ:
וְכָל דָּם לֹא תֹאכְלוּ בְּכֹל מוֹשְׁבֹתֵיכֶם לָעוֹף וְלַבְּהֵמָה:
כָּל נֶפֶשׁ אֲשֶׁר תֹּאכַל כָּל דָּם וְנִכְרְתָה הַנֶּפֶשׁ הַהִוא מֵעַמֶּיהָ:

Der Ewige sagte weiter zu Mosche: »Ihr dürft grundsätzlich das Fett von Ochsen, Schafen oder Ziegen nicht essen. Denn das ist der Teil, der auf dem Altar für den Ewigen verbrannt wird. Jeder, der dennoch vom Fett isst, soll ***aus dem Volk getilgt*** *werden. Auch dürft ihr kein* ***Blut genießen:*** *nicht vom Blut der Vögel und nicht vom Blut der Tiere. Jeder, der trotzdem Blut genießt, soll aus dem Volk getilgt werden. Findet ihr zerrissene Tiere oder Aas, so könnt ihr deren Fett für etwas anderes verwenden, nur essen dürft ihr es nicht!«*

Welche Teile dieser Opfergabe den Kohanim gehören

7,28

Und weiter sagte der Ewige zu Mosche: »Wenn nun jemand dem Ewigen eine Opfergabe zum Frieden bringen möchte, der soll auch noch Folgendes beachten: Er soll das Fett und die Brust von dem

* **Rein und nicht-rein** sind keine auf die körperliche Hygiene bezogenen Begriffe, sondern Kriterien, die darüber entscheiden, ob jemand zum Heiligtum gehen darf oder eben nicht. Diese Kultfähigkeit eines Menschen wird an dieser Stelle mit Blick auf den Opferdienst und die Kohanim sowie in den Paraschijot *Tasria* und *Mezora* für Privatpersonen ausführlich behandelt.

* **Aus dem Volk tilgen:** Das sehr differenzierte Strafregister der Torah kennt selbstverständlich noch die Todesstrafe. Die Strafe der »Austilgung« aus der Volksgemeinschaft ist allerdings keine gewöhnliche Todesstrafe, die durch menschliche Akteure vollzogen wird, sondern eine Strafe, die G'tt selbst vollzieht. Daher haben bereits die rabbinischen Ausleger diese Strafe dahingehend gedeutet, dass die Nachkommenschaft ausbleibt und so der Name und das Andenken an diese Person ausstirbt.

* **Fett- und Blutgenuss:** Welche Fettteile aus dem Inneren der Opfertiere auf dem Altar verbrannt werden sollen, wurde bereits genau festgelegt. Das sind jene Teile, die die Jisraeliten auch nicht essen sollen, selbst wenn die Ochsen, Schafe oder Ziegen gar nicht zur Opferung vorgesehen waren. Diese Vorschriften verstanden die Rabbinen als dauerhaft gültig. Daher wurde entschieden, dass bestimmte Fettstücke um Magen und Darm herum (*chelew*) bis heute nicht gegessen werden dürfen und vom Schochet, dem Schächter, entfernt werden müssen. Deshalb gibt es zum Beispiel keinen koscheren Speck. Ebenso

Tier bringen. Das Fett nimmt der Kohen und verbrennt es auf dem Altar. Die Brust dagegen nimmt der, der die Opfergabe bringt, und ***schwingt*** *sie zusammen mit dem Kohen vor dem Ewigen durch die Luft, dann erst soll er sie Aharon und seinen Söhnen übergeben. Ihnen sollen die Brust und auch der rechte Schenkel gehören. So soll es von dem Tag an gelten, an dem man Aharon und seine Söhne zu Kohanim gemacht hat. Auch soll das für alle Zeiten so gelten.*

Und das, was ich euch angeordnet habe, das sind die Vorschriften für die Opfergaben.«

Die Kohanim werden eingesetzt

8,1

Und dann sagte der Ewige weiter zu Mosche: »Wenn du soweit bist und Aharon und seine Söhne zu Kohanim machen möchtest, dann nimmst du sie zu dir, auch all die Kleider, die ihr dafür gemacht habt, das Salböl, den Stier für die Opfergabe zur Reinigung, die beiden Widder und auch den Korb mit den ungesäuerten Broten. Bring alles zum Zelt der Begegnung. Dann sollst du alle Jisraeliten, die ganze Gemeinde, zum Eingang des Zeltes rufen. Denn alle sollen sehen, was du tun wirst.«

Und so, wie der Ewige es Mosche gesagt hatte, machte Mosche es auch. Er rief alle Jisraeliten, die ganze Gemeinde, zum Eingang des Zeltes, sodass sie sich dort versammelten. Als alle dort waren, sprach Mosche zur ganzen Gemeinde:

»Der Ewige hat uns aufgetragen, was zu tun ist. Deshalb werde ich jetzt Aharon und seine Söhne mit ihren Kleidern bekleiden und das Heiligtum für den Dienst vorbereiten.«

Dann rief Mosche Aharon und seine Söhne zu sich. Sie traten zu Mosche heran, und Mosche wusch sie zunächst. Dann begann er, **Aharon anzukleiden**: das Unterkleid mitsamt dem Gürtel, danach den Mantel. Er legte ihm den Efod an und das Brustschild um und tat die Urim und Tummim, die Lose, dort hinein. Danach setzte er Aharon den Turban auf und befestigte daran die goldene Blüte. Mosche machte es genauso, wie es der Ewige angeordnet hatte.

ist mit dem Blut umzugehen: Da das Blut für den Altar bestimmt ist, darf es grundsätzlich nicht verzehrt werden. Diese Bestimmungen wirken ebenfalls noch heute nach: Zum Verzehr erlaubte Tiere müssen »entblutet« werden. Das wird durch das Schächten, Salzen und Wässern erreicht. Dagegen ist Blut von Fischen erlaubt, weshalb sie nicht speziell geschächtet werden müssen.

* **Die Schwingung** ist ein Ritual, mit dem Teile des Opfertieres an die Kohanim übergeben werden. Dadurch erhält bei dem Sevach Schlamim jeder Beteiligte seinen Teil: G'tt durch die Fettstücke vom Opfertier, die Kohanim durch die Schwingung Teile des Tieres, und die Opfernden selbst den Rest des Tieres, der gegessen werden kann. Vielleicht drückt sich gerade dadurch der *Sevach Schlamim*, der ja auch als vollständige Schächtung übersetzt werden kann, besonders schön aus: Es ist eine vollkommene Schächtung, weil alle Beteiligten ihren Teil von der Opfergabe erhalten und es ein großes Mahl ist, an dem wirklich alle teilhaben.

* **Aharon und seine Söhne werden angekleidet**: Dieses Ritual wird nur einmal, und zwar von Mosche, an Aharon und seinen Söhnen vollzogen. Aber nicht nur die Kohanim werden eingesetzt, auch alle Gerätschaften werden durch Salbung und Blutsprengung zu heiligen Geräten und auf diese Weise für den Opferdienst tauglich. Dadurch kann der Dienst am Heiligtum beginnen. Es ist ein sehr

Nun nahm Mosche das Salböl und salbte damit zunächst die Wohnung und alles, was in der Wohnung war, ein. Dadurch wurde alles, was er gesalbt hatte, heilig.

Dann nahm er wieder das Salböl und besprengte damit **siebenmal** den Altar, alle Geräte des Altars und auch das Becken mit seinen Geräten. Und alles, was er mit dem Salböl besprengte, wurde auf diese Weise heilig. Schließlich ging er zu Aharon, nahm das Salböl und goss es über dessen Kopf aus. Damit salbte er ihn und machte ihn auf diese Weise heilig.

Als Mosche dies alles getan hatte, ließ er auch Aharons Söhne zu sich herantreten, zog ihnen die Unterkleider mit den Gürteln an und setzte ihnen die Turbane auf den Kopf. Er machte alles genauso, wie es der Ewige angeordnet hatte.

Als Aharon und seine Söhne bekleidet waren, nahm Mosche den Stier für die Chattat, die Opfergabe für die Reinigung, während Aharon und seine Söhne ihre Hände auf den Kopf des Stieres legten. Daraufhin schächtete man das Tier, und Mosche nahm von dem Blut, ging ins Zelt und bestrich die Hörner des Altars. Auf diese Weise machte er den Altar für den Dienst am Heiligtum rein. Das restliche Blut schüttete er unten an den Altar und machte ihn auf diese Weise heilig.

Wie es geboten war, zerlegte er den Stier und tat von dessen Innereien einige Teile auf den Altar, um sie dort zu verbrennen. Alles andere brachte er an einen reinen Ort außerhalb des Lagers und verbrannte es dort, genauso, wie es der Ewige angeordnet hatte.

Als er damit fertig war, nahm Mosche einen der beiden Widder. Aharon und seine Söhne legten ihre Hände auf den Kopf des Widders, und man schächtete das Tier und Mosche nahm das Blut. Damit besprengte er den Altar. Als er wieder aus dem Zelt kam, zerlegte er den Widder in einzelne Teile und ließ alles auf dem Altar in Rauch aufgehen. Dieser Widder war also eine Olah, eine Opfergabe, die ganz verbrannt werden musste, eine Feuergabe sollte sie für den Ewigen sein, und der Duft stieg empor, und der Ewige wusste dann, dass das für ihn war.

elaboriertes Ritual und dauert insgesamt sieben Tage. Zu den einzelnen Kleidungsstücken vgl. das Buch *Schemot*, Paraschat *Tezawa*, S. 104–108.

* **Siebenzahl:** Die Torah hat eine Vorliebe für die Siebenzahl, angefangen bei den sieben Schöpfungstagen. Vor allem jene Abschnitte, die sich mit dem Opfer-Ritual und den Festen beschäftigen, kommen ohne die Sieben nicht aus: die siebenmalige Sprengung und die siebentägige Einsetzung der Kohanim, die siebentägigen Fristen im Kontext der Vorschriften für die Wöchnerin sowie für den Aussatz und weitere Absonderungsbestimmungen. Dass wir (in Israel) Pessach und Sukkot sieben Tage lang feiern und zwischen Pessach und Schavuot sieben Wochen zählen, ist für uns heute ganz selbstverständlich. Auch die Gesetze um Schabbat- und Joveljahr am Ende des Buches *Wajikra* basieren auf der Sieben-(mal Sieben)-Jahresfrist.

Daraufhin ging Mosche zum zweiten Widder, der nun dafür da war, dass Aharon und seine Söhne zu Kohanim werden sollten. Auch hier legten Aharon und seine Söhne die Hände auf den Kopf des Widders, man schächtete das Tier und Mosche nahm das Blut. Aber dieses Mal bestrich er mit dem Blut das rechte Ohrläppchen Aharons, den Daumen von dessen rechter Hand und den großen Zeh des rechten Fußes. Und genauso machte er es bei Aharons Söhnen. Das Blut, das übrig blieb, sprengte er an den Altar, ringsherum.

Danach ging er wieder zu dem Widder und schnitt einige Innereien heraus. Dann nahm er von den Broten, legte das alles auf die Fettstücke und den rechten Schenkel und gab es Aharon und dessen Söhnen in die Hand. Diese schwangen die Teile, die sie in den Händen hatten, durch die Luft, bis Mosche alles nahm und zum Altar brachte. Dort ließ Mosche alles in Rauch aufgehen. Das war die sogenannte Opfergabe dafür, dass Aharon und seine Söhne jetzt Kohanim waren. Es war also eine Feuergabe für den Ewigen, und der Duft stieg hoch, damit der Ewige wusste, dass das für ihn war.

Mosche aber konnte von diesem Widder selbst etwas als seinen Teil nehmen, so wie sich die Kohanim ihren Teil nehmen konnten.

Dann nahm Mosche noch einmal vom Salböl und vom Blut und sprengte damit auf Aharon und dessen Söhne und auf die Gewänder. Auf diese Weise heiligte er Aharon und dessen Gewänder sowie dessen Söhne und deren Gewänder.

Dann sagte Mosche zu ihnen: »Nun könnt ihr euren eigenen Anteil von dem Fleisch und dem Brot nehmen und es für euch zubereiten und essen. Den Rest, der übrig bleibt, verbrennt ihr aber. Und dann sollt ihr am Eingang des Zeltes sieben Tage bleiben und von dort nicht weggehen. Das sind ganz besondere Tage, weil ihr zu Kohanim geworden seid. Diese Zeit sollt ihr besonders beachten, weil sie euch der Ewige geboten hat. Das sollt ihr tun, damit ihr nicht sterbt.«

Und Aharon und seine Söhne machten alles so, wie es der Ewige gesagt hatte.

PARASCHAT SCHMINI – Am achten (Tag)

Lev 9,1–11,47

Diese Parascha kommt lediglich im regulären Zyklus der synagogalen Torah-Lesung zum Vortrag. Als Haftara wird 2 Sam 6,1–7,17 gelesen, die Geschichte von Ussa, der zu verhindern versucht, dass der Wagen mit dem heiligen Kasten umfällt, und der stirbt, weil er den heiligen Kasten berührt hat; eine deutliche Parallele zu dem Fehlverhalten der beiden Söhne Aharons, Nadav und Avihu.

Einleitung

In dieser Parascha ist es endlich soweit: Die Kohanim kommen zum ersten Mal zum Einsatz und opfern die vorgeschriebenen Tiere. Als Antwort hierauf »zeigt« sich der Ewige in seinem Kavod, in seiner Herrlichkeit. Und dann passiert es: Nadav und Avihu, vielleicht überwältigt von diesem Ereignis, bringen selbstständig ein weiteres Feueropfer, ein »fremdes« Feuer, wie der Text sagt, ins Heiligtum und werden selbst vom Feuer des Ewigen »verzehrt«. Damit ist zu Beginn der priesterlichen Tätigkeit gleich auch ein Fehltritt miterzählt (ein zweiter von Elasar und Itamar wird folgen), der gleichzeitig zum Ausdruck bringt, dass auch dem Heiligtum nahestehende Personen nicht frei von Irrtümern sind. Damit sollte sicher nicht von vornherein der Dienst der Kohanim diskreditiert werden. Aber die Erzählung macht auf ein Problem aufmerksam und lässt einiges über den Dienst der Kohanim erkennen.

Weil die Erscheinung des Kavod so unmittelbar nach dem Darbringen der ersten Opfer erwähnt wird, könnte man auf die Idee kommen, dass der Opferdienst der Kohanim beim Ewigen etwas »bewirken« kann. Man kann vielleicht interpretatorisch so weit gehen, zu sagen, dass dies vielleicht sogar Nadavs und Avihus Missverständnis war: Sie wollten die »Heiligkeit« herausfordern oder vielleicht sogar herbeizwingen. Das ist aber eine Vorstellung, die eher mit Götzendienst und Magie zu tun hat: Magie will durch Handlungen etwas erzwingen, zumindest bewirken. Das entspricht aber nicht den Vorstellungen der Torah, was diese Parascha sehr deutlich macht: Weil Nadav und Avihu selbstständig gehandelt haben und etwas bewirken wollten, mussten sie in der Heiligkeit sterben.

Das Heilige hat sich hier also auch als etwas Gefährliches erwiesen. Die Heiligkeit, mit der der Mensch rechnen kann, wird nach festen, und vor allem: ausschließlich nach G'ttes Regeln und Vorschriften »hergestellt«. Eine so hergestellte Heiligkeit wird jedoch nichts bewirken, nichts Positives und nichts, was dem Menschen Schaden zufügen könnte. Sie soll nur da sein, damit das Volk sich daran ausrichten kann. Das wird auch durch den später im Text öfter zitierten Satz bestärkt werden: Ihr sollt heilig sein, weil ich heilig bin. Das beinhaltet keinen religiösen Aktivismus und Rigorismus, sondern bekräftigt noch einmal die Zuordnung des Volkes auf eine heilige Mitte hin.

Kaschrut: In dieser Parascha werden erstmals die erlaubten und nicht erlaubten Tiere erwähnt, was auf den ersten Blick nichts mit dem Heiligtum zu tun hat. Und doch gehören beide Themen zusammen, denn die Kaschrut wurde im Laufe der Geschichte des Judentums zu einem wichtigen, wenn nicht dem wichtigsten Identitätsmerkmal. Die Unterscheidung zwischen den erlaubten und nicht erlaubten Tieren liegt nicht in äußeren Faktoren begründet: Es ist nicht gesünder, kein Schweinefleisch zu essen (obwohl man dieses Argument schon im Mittelalter ins Feld führte), und der Mensch wird auch nicht moralisch besser, wenn er keine Eidechse isst. Die Unterscheidung ist einfach nur da. Die einzige Begründung für die Kaschrut besteht darin, dass bestimmte Tiere berührt und gegessen werden können, andere nicht. Wer die falschen Tiere berührt, wird nicht-rein, muss sich also vom Heiligtum fernhalten.

Darüber hinaus gibt es auch noch eine Kategorie von Lebewesen, die man manchmal als »Gräuel« oder als etwas »Abscheuliches« vorgestellt findet *(schekez)*. Zu diesen Tieren gehören bestimmte Wassertiere, gewisse Vogelarten und Insektenformen. Interessant ist hier, dass man sie nicht essen, aber im Prinzip berühren dürfte (solange sie noch am Leben sind). Und das hat auch seinen Grund: Die Torah möchte nämlich diese Tiere nicht als von sich aus eklig und abscheulich darstellen. Schließlich wurde im Bericht über die Schöpfung auch über diese Tiere gesagt, dass sie von G'tt geschaffen wurden und dass die Schöpfung gut war (Gen 1,21). Die Schekez-Tiere, von denen die meisten ja ohnehin keine Haustiere sind, sind vielmehr solche Tiere, von denen G'ttes Gebote sagen, dass sie dem jisraelitischen Menschen und seiner Esskultur »gegen den Strich gehen«. Wir kennen dies auch heute noch: Es gibt Völker, hinsichtlich deren Esskultur sich uns die Haare sträuben und umgekehrt, was eine Frage der eigenen Haltung ist, nicht der objektiven Beschaffenheit des Gegessenen. Wir essen also bestimmte Tiere einzig deshalb nicht, weil G'tt Unterscheidungen eingeführt hat, damit wir uns zu ihm hin ausrichten können.

In der Tat konnte sich das Volk am Heiligtum eine Weile ausrichten. Aber das Heiligtum wurde zerstört, und seit 70 n. u. Z. gibt es für uns Juden keinen Tempel mehr. An die Stelle dieses Heiligtums sind andere Dinge getreten, die dem Judentum heilig geworden sind: der Schabbat und die Kaschrut. Interessanterweise sind beide Elemente auch in der Torah eng miteinander verbunden. Die in *Schemot* aufgezählten Arbeiten am Heiligtum sind genau jene, die von den Rabbinen als verbotene Arbeiten am Schabbat betrachtet wurden, weil der Schabbat die Bauarbeiten am Heiligtum unterbrochen hatte (Ex 35). Auch die erlaubten und nicht erlaubten Tiere (Kaschrut) folgen deshalb unmittelbar auf die ersten Opferhandlungen der Kohanim.

Anders als die Bestimmungen zu den Opfergaben sind die Speiseregelungen (Kaschrut) auch heute noch relevant und im traditionellen Judentum ein wichtiges Element jüdischen Lebens. In dieser Parascha werden zunächst die zum Verzehr geeigneten Tiere aufgelistet: Die wichtigste Festlegung dabei ist beim Großvieh, dass sie Wiederkäuer sein und gespaltene Hufe haben müssen, um zum Verzehr geeignet zu sein, sowie bei den Fischen die Festlegung, dass sie Schuppen und Flossen haben müssen. Meeresfrüchte sind nicht erlaubt. Die Regel, dass man kein Blut genießen darf, wurde zuvor schon öfter herausgestellt, sodass nun auch gesagt werden kann, dass die zum Verzehr geeigneten Tiere in spezieller Weise geschächtet und das Fleisch behandelt sein muss, damit das Fleisch möglichst wenig Blut enthält.

Die Herrlichkeit – der Kavod: Von der Erscheinung des Kavod, der »Herrlichkeit« G'ttes, wird immer wieder an herausragenden Stellen der Torah berichtet, so auch diesmal, nachdem die Kohanim ihren Dienst angetreten und die ersten Opfergaben gebracht haben. Mit dem Kavod soll die sichtbare Seite G'ttes beschrieben werden, mit der G'tt vor dem Volk »erscheinen« kann. Der Kavod tritt immer an markanten Punkten der Geschichte in Erscheinung, manchmal auch in Konfliktsituationen zwischen G'tt und dem Volk. Ähnlich geschieht es im Buch *Schemot* (Paraschat *Beschalach*, S. 57) mit der Wolke, in der G'tt auf dem Weg aus Mizrajim erscheint und die das Heiligtum erfüllt, nachdem es vollendet wurde. Der Kavod ist allerdings schon in der Torah universaler gedacht: Während die Wolke in enger Beziehung mit dem Heiligtum steht, kann der Kavod auch die ganze Erde erfüllen (Num 14,21). Diese Vorstellung ist wichtig, damit die Präsenz G'ttes nicht vorschnell mit dem Heiligtum identifiziert wird. Deshalb konnte sich das antike und mittelalterliche Judentum unabhängig von einem Tempel bereits weitreichende Gedanken zur Präsenz G'ttes auf der Welt machen, einmal in Verbindung mit dem Begriff »Schechina« (Einwohnung), ein andermal mit dem Begriff »Kavod«.

Die Kohanim treten ihren Dienst an

9,1–4

וַיְהִי בַּיּוֹם הַשְּׁמִינִי קָרָא מֹשֶׁה לְאַהֲרֹן וּלְבָנָיו וּלְזִקְנֵי יִשְׂרָאֵל:
וַיֹּאמֶר אֶל אַהֲרֹן קַח לְךָ עֵגֶל בֶּן בָּקָר לְחַטָּאת וְאַיִל לְעֹלָה תְּמִימִם
וְהַקְרֵב לִפְנֵי ה':
וְאֶל בְּנֵי יִשְׂרָאֵל תְּדַבֵּר לֵאמֹר
קְחוּ שְׂעִיר עִזִּים לְחַטָּאת וְעֵגֶל וָכֶבֶשׂ בְּנֵי שָׁנָה תְּמִימִם לְעֹלָה:
וְשׁוֹר וָאַיִל לִשְׁלָמִים לִזְבֹּחַ לִפְנֵי ה' וּמִנְחָה בְּלוּלָה בַשָּׁמֶן
כִּי הַיּוֹם ה' נִרְאָה אֲלֵיכֶם:

Am achten Tag, nachdem sich die Kohanim am Eingang zum Zelt der Begegnung niedergelassen hatten, rief Mosche Aharon und dessen Söhne. Und auch die Ältesten der Kinder Jisraels rief er zusammen. Dann sagte er zu Aharon:

»Nun also ist es soweit. Nimm ein **Kalb** und einen Widder. Beide Tiere dürfen keine Fehler an sich haben. Bring sie vor den Ewigen als eine Opfergabe. Und ihr, Jisraeliten! Nehmt einen Ziegenbock, ein Kalb und ein Lamm. Die Tiere sollen nicht älter als ein Jahr sein und dürfen auch keine Fehler haben. Dann bringt sie dem Ewigen. Und auch einen Ochsen und einen Widder sollt ihr als eine Opfergabe für den Frieden vor dem Ewigen schächten. Und auch eine Opfergabe für die Speisen, eine Mincha, sollt ihr bringen. Denn heute will sich der Ewige euch zeigen und in seiner flirrenden Wolke, seinem Kavod, erscheinen.«

* **Das Kalb:** Dass Aharon und die Jisraeliten neben anderen Tieren auch ein Kalb zur Opfergabe bringen sollen, weist auf das Goldene Kalb hin, das Aharon für sie angefertigt hatte, als Mosche nicht vom Berg zurückkam. Nach Raschi soll damit angezeigt werden, dass G'tt Aharon seine damalige Tat verziehen hat.

Nachdem Mosche das alles gesagt hatte, gingen sie alle hin, und brachten all das zum Zelt, was ihnen aufgetragen war. Anschließend versammelten sich alle Jisraeliten, die ganze Gemeinde, vor dem Zelt.

Da Aharon noch zögerte, sagte Mosche: »Nun komm und tritt vor den Altar. Bring deine Opfergabe, die ganz verbrannt werden soll, deine Olah, und deine Opfergabe zur Reinigung, deine Chattat, wie ich es dir doch gesagt habe. Mit diesen Opfergaben bringst du dich und dein Volk vor dem Ewigen ins Reine. Auch die Opfergaben des Volkes sollst du vor den Ewigen bringen, um das Volk ins Reine zu bringen, so, wie der Ewige es angeordnet hat.«

Und so trat Aharon an den Altar heran und brachte das Kalb als eine Opfergabe zur Reinigung dar, während die Söhne ihm das Blut reichten, damit er die Hörner des Altars bestreichen konnte. Den Rest des Blutes goss er unten am Altar aus. Und er nahm einige Teile der Innereien des Tieres und ließ sie auf dem Altar in Rauch aufgehen. Die restlichen Teile des Tieres brachte er hinaus vor das Lager und verbrannte sie dort.

Dann machte er sich daran, die Opfergabe, die ganz verbrannt werden sollte, zu bringen. Und auch hier reichten ihm seine Söhne von dem Blut des Tieres, und er besprengte damit den Altar ringsherum. Danach reichten sie ihm alle Teile des Tieres, die er auf dem Altar in Rauch aufgehen ließ.

Als er damit fertig war, brachte er auch noch die Opfergaben des Volkes, also die Opfergabe zur Reinigung und die Opfergabe, die ganz verbrannt werden sollte, auch die Opfergabe zur Speise. Alles ließ er auf dem Altar in Rauch aufgehen. Zum Schluss brachte er auch noch den Ochsen und den Widder als Opfergabe für den Frieden für das Volk. Und auch hier besprengte er den Altar ringsherum mit dem Blut, während er all die verschiedenen Teile auf dem Altar in Rauch aufgehen ließ.

Auch schwang er die Brust und einen Schenkel der Opfergabe durch die Luft, ganz so, wie es zuvor der Ewige geboten hatte. Dann erhob er seine Hände und **segnete** so das Volk mit der **Birkat Kohanim**. Als Aharon und Mosche wieder aus dem Zelt heraustraten, segneten sie das Volk erneut. Da erschien auf einmal die flirrende Wolke, der Kavod des Ewigen, vor dem ganzen Volk, und ein Feuer ging von dort aus, von wo der Ewige sonst immer zu Mosche gesprochen hatte. Und das Feuer kam über den Altar und verzehrte alle Stücke, die dort obenauf lagen. Und als das ganze Volk das sah, jubelten sie alle und ließen sich mit dem Gesicht zu Boden niederfallen.

* **Der Segen:** Hier wird zweimal von einem Segen über das Volk gesprochen. Raschi zufolge segnet zunächst Aharon das Volk, und zwar mit dem Priestersegen, der Birkat Kohanim, der auch heute noch liturgisch nicht ohne Bedeutung ist. Beim zweiten Segen, den Aharon und Mosche gemeinsam vollziehen, handelt es sich nach Raschi um den Psalmvers (Ps 90,17): »Mag G'tt uns wohlgesonnen sein und das, was wir hier tun, uns gelingen! Ja, mag es uns gelingen.«

* Die **Birkat Kohanim** ist der sogenannte Priestersegen aus der Parascha *Naso* des vierten Buches *Bamidbar* (S. 35), die im täglichen Schacharit vom Vorbeter rezitiert wird; an Feiertagen wird sie dem Vorbeter manchmal sogar von den anwesenden Kohanim (die ihre Familienabstammung auf die ersten Kohanim zurückführen) nachgesprochen. Außerdem ist die Birkat Kohanim Grundlage für den Segen über die Kinder, der am Freitagabend vor dem Kiddusch gesprochen wird.

Nadav und Avihu

10,1–3

וַיִּקְחוּ בְנֵי אַהֲרֹן נָדָב וַאֲבִיהוּא אִישׁ מַחְתָּתוֹ וַיִּתְּנוּ בָהֵן אֵשׁ
וַיָּשִׂימוּ עָלֶיהָ קְטֹרֶת וַיַּקְרִיבוּ לִפְנֵי ה' אֵשׁ זָרָה אֲשֶׁר לֹא צִוָּה אֹתָם:
וַתֵּצֵא אֵשׁ מִלִּפְנֵי ה' וַתֹּאכַל אוֹתָם
וַיָּמֻתוּ לִפְנֵי ה':
וַיֹּאמֶר מֹשֶׁה אֶל אַהֲרֹן הוּא אֲשֶׁר דִּבֶּר ה' לֵאמֹר בִּקְרֹבַי אֶקָּדֵשׁ
וְעַל פְּנֵי כָל הָעָם אֶכָּבֵד
וַיִּדֹּם אַהֲרֹן:

Da gingen die beiden Söhne Aharons, Nadav und Avihu, hin und holten sich Pfannen, entzündeten darin noch mal ein Feuer und warfen Duftstoffe hinein. Auf diese Weise brachten Nadav und Avihu ein **fremdes Feueropfer** vor den Ewigen, also eine Opfergabe, die der Ewige nicht angeordnet hatte. Und sogleich ging ein Feuer von dort aus, von wo der Ewige sonst immer zu Mosche gesprochen hatte, und verzehrte die beiden Brüder, und sie starben vor dem Ewigen. Als Mosche das sah, sagte er zu Aharon: »Das ist das, was der Ewige gesagt hat: Durch jene, die mir nahekommen, werde ich als heilig erwiesen.« **Aber Aharon schwieg**.

Mosche rief zwei der Verwandten Aharons zu sich und sagte ihnen: »Kommt, tragt eure toten Verwandten aus dem Heiligtum und bringt sie vors Lager.« Und sie kamen herbei und taten, was ihnen aufgetragen war.

* **Das fremde Feueropfer:** Nadav und Avihu brachten ein »fremdes Feuer«, also eine Opfergabe, die von G'tt nicht angeordnet war. Ihre Feuergabe, so lesen wir, wird dabei ebenso vom g'ttlichen Feuer verzehrt wie die zuvor gebrachten Opfergaben bei der Einsetzung. Die Torah bringt damit zum Ausdruck, dass G'ttes Heiligkeit, wenn man leichtsinnig mit ihr umgeht, eine ungebändigte Kraft entfesselt, die für den Menschen todbringend sein kann. Die Söhne starben also nicht einfach, weil sie schuldig waren oder einen Fehler begangen hatten, sondern weil sie das g'ttliche Feuer unaufgefordert heraufbeschworen hatten. Das Opfer-Ritual, und sei es auch noch so gut gemeint, wird nicht durch die Handlungen der Kohanim begründet, sondern allein dadurch, dass es vom Ewigen angeordnet wird.

* **Aber Aharon schwieg:** Traditionell wird das Schweigen Aharons so gesehen, dass er eigentlich hätte um den Verlust seiner Söhne trauern wollen, es aber nicht konnte, da es eine g'ttliche Handlung war, die seine beiden Söhne umkommen ließ. Raschi bemerkt dazu, dass Aharon für sein Schweigen belohnt wurde, denn als es um das Alkoholverbot geht, spricht der Ewige direkt zu ihm und nicht wie sonst zu Mosche.

* **Trauerzeichen:** Wie jede Kultur kennt auch die Torah Zeichen der Trauer, doch sollten diese Zeichen nicht übertrieben werden wie bei den Nachbarvölkern. Hier wird Aharon und den verbliebenen Söhnen verboten, das Haar übermäßig wachsen zu lassen und die Kleider einzureißen. Dies waren also bereits in der Torah erlaubte Trauerzeichen, die lediglich in diesem speziellen Fall nicht angewandt werden durften. Überdies besteht die Torah darauf, dass auch in extremen Situationen jeder seine Aufgabe wahrnimmt: So, wie die verbleibenden Kohanim stellvertretend für das ganze Volk weiterhin den Dienst am Heiligtum verrichten, so muss und darf das Volk wiederum stellvertretend für die Kohanim die Trauerbewältigung auf sich nehmen.

* **Wein und Berauschendes:** Dass die Kohanim bei ihrem Dienst nichts Berauschendes trinken durften, erscheint an dieser Stelle etwas unvermittelt, da die Torah nichts davon berichtet, ob die beiden Söhne Aharons berauscht waren. Aber die Torah möchte an dieser Stelle vorbeugen und klarstellen, dass alkoholische Getränke den Sinn trüben. Später wurde das auch auf Gelehrte insofern übertragen, als auch sie sich von Alkohol fernhalten sollten, wenn sie Schüler unterweisen. Allerdings wurde aus dieser Anweisung nie ein absolutes Alkoholverbot abgeleitet.

Zu Aharon und seinen verbliebenen Söhnen Elasar und Itamar sagte Mosche: »Ihr Kohanim, die ihr noch übrig seid, sollt euch jetzt aber keine **Trauerzeichen** machen. Deshalb sollt ihr euer Haar nicht wild wachsen lassen, und eure Kleider sollt ihr nicht einreißen. Vielmehr sollen alle anderen, die draußen stehen, das ganze Volk also, das heilige Feuer beweinen: Denn es hat Nadav und Avihu getötet. Auch sollt ihr euch von dem Eingang des Zeltes nicht wegbewegen. Denn ihr habt noch das Salböl an euch.« Und Elasar und Itamar taten, was Mosche gesagt hatte.

Und der Ewige sagte zu Aharon: »Du und deine Söhne sollen keinen **Wein und andere Getränke**, die euch betrunken machen können, trinken, wenn ihr in das Zelt der Begegnung geht. Denn nur, wenn ihr nicht angetrunken seid, könnt ihr auch unterscheiden zwischen Heiligem und Nichtheiligem, zwischen Reinem und Nicht-Reinem. Auch sollt ihr das, was ich Mosche beigebracht habe, dem Volk weitergeben und es diese Dinge lehren.«

Was die Kohanim behalten dürfen

10,12

Dann sagte Mosche zu Aharon und zu dessen verbliebenen Söhnen Elasar und Itamar: »Ihr könnt euch von der Mincha, der Opfergabe der Speise, nehmen, und zwar alles, was nicht auf dem Altar verbrannt worden ist. Aber esst es neben dem Altar, denn die Mincha ist sehr, sehr heilig und muss an einem sehr heiligen Ort gegessen werden. Euer Anteil an den Opfergaben ist der Rest der Mincha. Dieser Teil ist für euch bestimmt. Auch die Brust und der Schenkel, alles, was ihr durch die Luft schwingt, gehört euch und ist euer Anteil. All das müsst ihr an einem reinen Ort essen. Aber nicht nur ihr dürft davon essen, sondern die ganze Familie, also auch eure Töchter. So sieht euer Anteil aus.«

Der Fehler von Elasar und Itamar

10,16

Nachdem Mosche das alles erklärt hatte, sah er sich um und fragte nach dem Bock, der für die Opfergabe zur Reinigung bestimmt war. Aber der Bock war bereits verbrannt. Da wurde Mosche wegen Elasar und Itamar zornig, denn sie waren es, die den Bock schon verbrannt hatten. Und Mosche sagte zu ihnen: »Warum habt ihr den Bock, der doch für die Opfergabe zur Reinigung bestimmt war, nicht an einem heiligen Ort gegessen? Er ist doch sehr, sehr heilig, und man hat ihn euch gegeben, damit ihr die Gemeinde wieder ins Reine bringt. Aber ihr habt nicht getan, was euch gesagt worden ist: Ihr hättet ihn auf jeden Fall essen müssen und es überhaupt so machen sollen, wie ich das vorher erklärt habe.«

Da unterbrach Aharon seinen Bruder und sagte zu ihm: »Meine Söhne haben heute ihre Opfergaben vor den Ewigen gebracht, und dann ist mir so etwas Furchtbares zugestoßen. Hätte ich denn heute das Reinigungsopfer so essen sollen, als wäre nichts geschehen? Das hätte dem Ewigen sicher nicht gefallen.« Als Mosche das hörte, gefiel ihm das sehr.

* **Der Fehler von Elasar und Itamar:** In dieser Erzählung muss Mosche lernen, dass man nach manchen Ereignissen nicht einfach weitermachen kann, als wäre nichts geschehen. Er erfährt zum ersten Mal, dass sich sein Bruder Aharon, in seiner neuen Funktion als Kohen, gegen ihn durchsetzt, und muss ihm letztlich recht geben. Mosche ist zornig auf die beiden Söhne, weil sie die Chattat, die Opfergabe zur Reinigung, nicht im heiligen Bereich gegessen, sondern gleich verbrannt haben, obwohl ein Opfermahl vorgeschrieben ist (Paraschat Zaw S. 36). Aharon argumentiert dagegen, dass ihm nach dem Tod der beiden Söhne ein »Dienst nach Vorschrift« undenkbar erschienen sei.

Von reinen und nicht-reinen Tieren

11,1

Später sprach der Ewige ein weiteres Mal zu Mosche und Aharon und sagte ihnen: »Nun sollt ihr den Kindern Jisraels erklären, dass es reine und nicht-reine Tiere gibt. Folgende Tiere sollen euch als reine Tiere gelten, von ihnen dürft ihr essen:

Tiere, die ganz durchgespaltene Hufe haben und die Wiederkäuer sind, die dürft ihr essen. Folgende Tiere dürft ihr deshalb nicht essen: Kamele, denn sie sind zwar Wiederkäuer, haben aber keine gespaltenen Hufe. Also sollen euch Kamele als nicht-rein gelten. Und davon gibt es noch viele andere Tiere, Hasen gehören auch dazu. Und das Schwein, denn es hat zwar gespaltene Hufe, aber es ist kein Wiederkäuer. Also sollen euch Schweine als nicht-rein gelten. Auch von diesen gibt es noch viele andere Tiere.

Von den Tieren, die im Wasser leben, dürft ihr folgende Tiere essen: Alle Tiere, die Flossen und Schuppen haben, dürft ihr essen. Alle anderen Tiere, die im Meer wimmeln und keine Flossen und Schuppen haben, die dürft ihr nicht essen, und die Vorstellung, davon zu essen, soll euch gegen den Strich gehen.

Von den Vögeln dürft ihr folgende Tiere nicht essen, und die Vorstellung, davon zu essen, soll euch gegen den Strich gehen: Geier, Milan, alle Arten von Raben, Adler, Eulen, Storch, Reiher, Wiedehopf und Fledermaus.

Auch die Vorstellung, von allen geflügelten kleinen Tieren, die auf vier Beinen gehen, zu essen, soll euch gegen den Strich gehen. Nur die geflügelten kleinen Tiere, die auch noch Springfüße haben, die dürft ihr essen: also die verschiedenen Arten von ***Heuschrecken****. Alle anderen Insekten dürft ihr nicht essen. Mehr noch: Ihr dürft sie nicht einmal anfassen, wenn sie tot sind. Wer doch eins angefasst hat, ist dann bis zum Abend selbst nicht-rein und muss sogar seine Kleider waschen.*

Und schließlich machen euch die folgenden Tiere immer nicht-rein: Ein Aas, also ein verendetes oder verwesendes Tier, macht immer nicht-rein. Wer es berührt, gilt bis zum Abend als nicht-rein und muss danach seine Kleider waschen, zum Beispiel ein totes Kamel. Wer das berührt, ist nicht-rein. Auch das Aas von Tieren, die auf Tatzen gehen, wie zum Beispiel Katzen. Sie sind nicht-rein, und wer deren Aas berührt, wird nicht-rein. Und von den kleinen Tieren gibt es auch viele, die nicht-rein sind und deren Aas nicht-rein macht: zum Beispiel das Wiesel, die Maus, der Igel, die Eidechse oder der Maulwurf.

Und auch all eure **Geräte oder Kleider** werden nicht-rein, sobald ein totes Tier darauf fällt. Holzgeräte, Felle oder Säcke müssen dann in Wasser getaucht werden und sind erst am Abend wieder rein. Aber Tongefäße können nicht mehr rein gemacht werden, deshalb sollt ihr sie zerbrechen.

* **Heuschrecken:** Obwohl die Torah bestimmte Arten von Heuschrecken erlaubt hat, werden heute keine mehr gegessen, weil – so hatten schon der Talmud und später auch Raschi argumentiert – diese speziellen Arten heute nicht mehr bekannt sind. Dieses Verbot ist im aschkenasischen Judentum sehr strikt, im sefardischen besteht es allerdings nicht.

* **Unreinheit von Geräten und Kleidern:** Das schon oben beim Dienst am Heiligtum beschriebene Prinzip der Kontamination (Lev 6,17) findet nun auch in Privathaushalten Anwendung: Tongefäße, die einmal nicht-rein geworden sind, lassen sich nicht mehr kaschern, also koscher machen.

Aber auch Tiere, die euch erlaubt sind und sterben, ohne dass sie geschächtet wurden, machen euch nicht-rein, wenn ihr sie berührt. Auch bei erlaubten Tieren gilt also: Wenn sie einfach so verendet sind, wird jemand, der davon isst, nicht-rein.

Und merkt euch eines: Die Vorstellung, dass ihr all das, was so auf der Erde kriecht und krabbelt, esst, soll euch gegen den Strich gehen. Und ihr selbst sollt euch nicht vor euch gruseln müssen, indem ihr solche Tiere esst. Denn ich bin der Ewige, euer G'tt, ihr sollt euch heilig halten, weil ich heilig bin. Ich bin der Ewige, ich habe euch aus Mizrajim gebracht, um euer G'tt sein zu können.

Ihr sollt lernen, einen Unterschied zu machen zwischen rein und nicht-rein, zwischen Tieren, die ihr essen dürft, und solchen, die euch verboten sind.«

PARASCHAT TASRIA –
Wenn eine Frau ein Kind bekommt

Lev 12,1–13,59

Diese Parascha wird lediglich im regulären Zyklus der Torah-Lesung vorgetragen.

Als Haftara wurde der Text 2 Kön 4,42–5,19 ausgewählt, die Geschichte, in der der Prophet Elischa den aussätzigen Naaman heilt.

Einleitung

Mit den Paraschijot *Tasria* und *Mezora*, die meist auch zusammen gelesen werden, beginnt ein neues Thema, das jedoch eng mit dem vorherigen verknüpft ist. Bisher ging es ja hauptsächlich um Opfergaben: Wer welche Opfergaben in das Heiligtum bringen darf, oder wie der Kohen die Opfergaben genau darzubringen hat. Nun geht es um all die Fälle, die verhindern, dass man zum Heiligtum gehen kann. Denn der Torah zufolge ist das Heiligtum eben nicht irgendwie heilig, sondern bedarf der kultischen Reinheit. Heiligkeit und Reinheit gehören also eng zusammen, und Reinheit und Unreinheit sind die Kategorien, die darüber entscheiden, ob ein Mensch zum Heiligtum gehen darf oder nicht. Mit Sauberkeit hat das nichts zu tun.

Und weil das Heiligtum ein ganz besonderer Ort ist, der nicht einfach überall sein kann, ist natürlich auch nicht alles für diesen Ort tauglich. Man muss also wieder unterscheiden lernen: zwischen einem heiligen und einem nichtheiligen Ort, zwischen Dingen und Menschen, die für den heiligen Ort tauglich sind und Dingen und Menschen, die für diesen Ort nicht tauglich sind. Die Kategorien rein und nicht-rein erweitern also die seit der Schöpfung für alle Menschen geltende Unterscheidung in Mann und Frau: Der jisraelitische Mensch befindet sich immer entweder im reinen oder im nicht-reinen Status. Einen Status dazwischen gibt es nicht.

Diese Parascha zeigt uns nun, welche Lebenssituationen dazu führen, dass Menschen für eine begrenzte Dauer für das Heiligtum nicht tauglich sind. Die Kinder Jisraels dürfen, wenn sie keine Kohanim sind, ohnehin nicht in den heiligsten Bezirk hinein. Aber sie dürfen auch zum Eingang des Heiligtums immer nur dann, wenn sie rein sind, also die Voraussetzungen erfüllen, zum Heiligtum zu gehen. Außerdem gibt es bestimmte Hautveränderungen, derentwegen man eine gewisse Zeit nicht zum Heiligtum gehen darf.

Die Frau ist nach der Geburt – wie später auch für die Menstruation festgesetzt – nicht-rein. Sie darf nicht zum Heiligtum, und sie ist auch ihrem Mann in den ersten sieben Tagen der Unreinheit verboten. Hat die Frau einen Jungen geboren, werden diese sieben Tage der Unreinheit durch die Beschneidung des Sohnes beendet, und es beginnt eine Zeit, in der das noch fließende Blut der Wöchnerin nicht mehr als nicht-rein, sondern als rein gilt. Weil sie aber nach wie vor blutet, kann sie noch immer nicht zum Heiligtum gehen, ist aber ihrem Mann wieder erlaubt. Es fällt auf, dass die Torah die doppelte Zeit für die Unreinheit und für die Reinheit ansetzt, wenn die Frau eine Tochter geboren hat. Schon die Rabbinen haben dies zu erklären versucht, haben aber schlussendlich keine vernünftige Erklärung finden können.

Vaginales Blut wird auch in der nächsten Parascha nochmals ausführlich behandelt, denn gemeinsam mit männlichem Samen gehört es zu den Grundelementen, die über rein und nicht-rein, über tauglich fürs Heiligtum oder nicht tauglich fürs Heiligtum entscheiden. Dies liegt möglicherweise daran, dass beides – vaginales Blut und männlicher Samen – die Elemente sind, die an die Zeugung neuen Lebens erinnern beziehungsweise die Bedingung dafür darstellen, dass der Mensch sich fortpflanzen kann. Schon der Bericht über die Erschaffung des Menschen formuliert dabei das Gebot: Seid fruchtbar und vermehrt euch.

Hautaussatz *(zaraat)*: Der Abschnitt über krankhafte Veränderungen der Haut, die einen Menschen nicht-rein werden lassen, gehört zu den merkwürdigsten Ausführungen zum Thema rein und nicht-rein, aber er verdeutlich noch einmal ein wichtiges Prinzip der kultischen Kategorien innerhalb der Torah: Zur Heiligkeit gehört, dass sie dynamisch gedacht wird, das heißt sich auszubreiten sucht (vgl. Lev 6,18–20). Dem steht die »Unreinheit« entgegen, die ebenfalls dynamisch vorgestellt wird, denn auch sie breitet sich aus, wie wir im Kontext der Beschreibung von Aussatz gut sehen können. Das Reine ist demgegenüber statisch. Es bildet sozusagen die Pufferzone, die sich zwischen das Heilige und die menschliche, immer mal wieder nicht-reine, Sphäre schiebt. Die Torah lässt so ein Miteinander von G'tt und Mensch denkbar werden, bei dem G'tt seine Heiligkeit nicht einbüßt, der Mensch aber so sein kann, wie er ist. Grundsätzlich muss gesagt werden, dass alle Bestimmungen, die den Hautaussatz betreffen, heute keine Gültigkeit mehr haben, weil sie alle auf das Heiligtum hin bestimmend sind. Aber einen Tempel haben wir heute ja nicht mehr. Hautkrankheiten unterliegen heute ausschließlich medizinischen und nicht rituellen Untersuchungen oder Überlegungen.

Was nach der Geburt eines Kindes beachtet werden muss

12,1–4

וַיְדַבֵּר ה' אֶל מֹשֶׁה לֵּאמֹר:
דַּבֵּר אֶל בְּנֵי יִשְׂרָאֵל לֵאמֹר אִשָּׁה כִּי תַזְרִיעַ וְיָלְדָה זָכָר
וְטָמְאָה שִׁבְעַת יָמִים כִּימֵי נִדַּת דְּוֹתָהּ תִּטְמָא:
וּבַיּוֹם הַשְּׁמִינִי יִמּוֹל בְּשַׂר עָרְלָתוֹ:
וּשְׁלֹשִׁים יוֹם וּשְׁלֹשֶׁת יָמִים תֵּשֵׁב בִּדְמֵי טָהֳרָה
בְּכָל קֹדֶשׁ לֹא תִגָּע וְאֶל הַמִּקְדָּשׁ לֹא תָבֹא עַד מְלֹאת יְמֵי טָהֳרָהּ:

Und der Ewige sprach weiter mit Mosche und sagte ihm: »Erkläre den Kindern Jisraels auch, wie sich eine Frau verhalten soll, wenn sie ein Kind geboren hat. Hat sie einen Jungen zur Welt gebracht, dann soll sie sich sieben Tage lang **zurückziehen**, denn in dieser Zeit soll sie als nicht-rein gelten. Am achten Tag soll man dann den Jungen beschneiden. Die Frau, die den Jungen geboren hat, soll weitere dreiunddreißig Tage zählen. Ihr Blut gilt in dieser Zeit als rein, aber sie darf noch nicht ins Heiligtum gehen.

Ein wenig anders ist es, wenn die Frau ein Mädchen geboren hat: Dann soll sie sich nämlich nicht nur eine Woche, sondern zwei Wochen zurückziehen, und sie soll sechsundsechzig weitere Tage zählen, in der ihr Blut zwar als rein gilt, sie aber noch nicht zum Heiligtum gehen darf.

Ist diese Zeit vorüber – egal, ob sie einen Jungen oder ein Mädchen geboren hat –, dann soll sie zum Heiligtum hingehen und ein Schaf dorthin bringen, das noch kein Jahr alt ist. Dieses Lamm soll sie als eine **Opfergabe** bringen, die ganz verbrannt werden soll, also als eine Olah. Neben dem Lamm benötigt sie noch eine Taube oder Turteltaube, die sie dem Kohen als eine

* **Das Zurückziehen:** Der Abschnitt über die Wöchnerin, wie nachfolgend auch der über denjenigen, der an Hautveränderungen leidet, zeigt, dass die Kategorie Nicht-Reinheit neben der kultischen auch eine soziale Dimension hat: Wer nicht-rein ist, hat sich in aller Regel von der sozialen (auch familiären) Gesellschaft zu isolieren. Sowohl die Menstruierende als auch der an der Haut Erkrankte muss sich von der Gesellschaft und vom Heiligtum fernhalten.

* **Opfergabe:** Damit die Frau wieder rein wird, muss sie zum einen festgelegte Zeiten abwarten, zum anderen verschiedene Opfergaben zum Heiligtum bringen. Erst die Opfergaben geben dem Zeitraum der kultischen Absonderung einen offiziellen Abschluss. Sie kann wieder zum Heiligtum gehen und an allen rituellen Feierlichkeiten teilnehmen. Insgesamt unterliegt durch diese Vorschrift auch der natürliche Vorgang von Geburt und nachgeburtlicher Schonung der Frau einer rituellen Begleitung.

Opfergabe zur Reinigung, also als eine Chattat, übergeben soll. Mit dieser Opfergabe bringt der Kohen die Frau wieder ins Reine, sodass sie als rein gelten und wieder zum Heiligtum gehen kann.

Hat die Frau aber nicht genügend Geld, um ein Lamm zum Heiligtum bringen zu können, so genügen auch zwei junge Tauben.«

Regeln für Menschen mit einer Hautkrankheit

13,1

Dann sagte der Ewige weiter zu Mosche und Aharon: »Es kann passieren, dass ein Mensch auf seiner Haut Flecken oder andere Hautwucherungen bekommt, die nach einer Krankheit aussehen. Dann soll er zu Aharon oder zu dessen Söhnen gebracht werden. Der Kohen soll den Fleck genau untersuchen und dann bestimmen, ob dieser Fleck eine **krankhafte Veränderung der Haut** ist oder nicht. Hat der Kohen bestimmt, dass es sich um eine krankhafte Veränderung handelt, dann muss er diesen Menschen für nicht-rein erklären.

Hat der Mensch aber einen Fleck, den der Kohen nicht ganz klar als krankhaft bestimmen kann, weil die Veränderung der Haut nicht so stark ist, so soll er den Fleck genau markieren, und er soll dafür sorgen, dass ein solcher Mensch sieben Tage lang von anderen Leuten ferngehalten wird. Nach sieben Tagen soll der Kohen den Fleck wieder anschauen. Ist der Fleck nicht größer geworden, so soll er ihn noch einmal markieren und weitere sieben Tage abwarten. Danach soll er den Fleck genau betrachten. Hat er sich immer noch nicht verändert, dann ist der Fleck nicht so schlimm und er kann den Menschen nun ruhigen Gewissens **für rein erklären**. Dann genügt es, wenn sich der Mensch die Kleider wäscht, dann ist er rein. In diesem Fall handelt es sich nämlich nur um einen Ausschlag.

Hat sich aber der Fleck tatsächlich vergrößert, dann muss der Kohen den Menschen für nicht-rein erklären, denn dann handelt

* **Krankhafte Veränderung der Haut *(zaraat)*:** Die Torah definiert hier sehr detailliert die verschiedenen Hautkrankheiten, aber es geht nie um medizinische Aspekte von Krankheit und Heilung, sondern um die kultrechtliche Relevanz von Veränderungen an der menschlichen Haut. Wird ein Mensch durch Flecken auf der Haut nicht-rein, kann er nicht mehr zum Heiligtum gehen. Dabei ist interessant, dass es vor allem die Dynamik der Ausbreitung der Flecken (vielleicht eine Pigmentstörung) ist, die die Unreinheit auslöst. Verändert sich ein Fleck nämlich nicht, wird er nicht als Aussatz, sondern nur als Ausschlag gewertet. Leider hat sich auch im Judentum immer wieder die Meinung durchgesetzt, dass die Unreinheit eines Menschen Folge seiner negativen Handlung und damit selbst verschuldet ist. Bei Aussatz wird stets ein Midrasch zitiert, der den Aussatz mit übler Nachrede verbindet. Dies geht auf die Erzählung von Mirjam zurück, die einen Aussatz erhielt, weil sie über Mosche lästerte (Buch *Bamidbar* S. 52 f.).

* **Deklaration durch den Kohen:** Die Besonderheit der Abschnitte in den Paraschijot *Tasria* und *Mezora*, in denen es um Hautveränderungen am Menschen und Hausschwamm bzw. Schimmelpilze an Kleidern geht, liegt darin, dass der Kohen nichts tut außer »reden«. Er beschwört nicht, er heilt nicht (kein magisches Brimborium!), sondern er erklärt eine Sache für rein oder eben nicht-rein. Es gibt nichts dazwischen, und es gibt auch keine weitere In-

stanz, die hinzugezogen würde (keine Heiler oder prophetischen Wundermänner). Die ganze Aufzählung der einzelnen Phänomene an Haut und Haus kann nicht darüber hinwegtäuschen, dass es hier nicht um die befallenen Menschen und Objekte geht, sondern um die Macht des Wortes, das der Kohen ausspricht.

* **Vollständige Ausbreitung von Aussatz:** Unter medizinischen Gesichtspunkten ist das priesterliche Urteil der Reinheit eines vollständig vom Aussatz bedeckten Menschen widersinnig. Spätestens hieran also kann man erkennen, dass es nicht um Medizin geht, sondern dass es der Torah um etwas ganz anderes zu tun ist: Mit der vollständigen Bedeckung des Körpers können sich die Flecken nicht mehr ausbreiten, der Mensch trägt keine verschiedenen Hautzustände an sich, sondern nur noch einen. Sobald sich diese Ausbreitung rückbildet, steckt der Mensch gleichzeitig in kranker wie gesunder Haut. So wird mithin Reinheit als Vollkommenheit und Ganzheit von Zuständen definiert, während Unreinheit durch unzulässige Vermischung von Zuständen gekennzeichnet ist.

es sich nicht mehr nur um einen Ausschlag, sondern um einen Aussatz.

Auch wenn der Kohen einen alten Aussatz auf der Haut entdeckt, muss er diesen Menschen für nicht-rein erklären.

Passiert es aber, dass ein Mensch **über und über mit einem Aussatz** bedeckt ist, und nirgendwo ist mehr gesunde Haut zu entdecken, dann muss der Kohen diesen Aussatz für rein erklären, denn damit ist seine Haut vollkommen und durchgehend ganz weiß. Sobald aber vereinzelte Stellen auf der Haut wieder gesund werden, muss der Kohen diesen Menschen für nicht-rein erklären. Erst wenn die Haut wieder ganz gesund ist, kann der Kohen diesen Menschen für rein erklären.

Nun kann es aber auch sein, dass die Haut einen Fleck bekommen hat, weil eine Entzündung vorliegt. Dann muss der Kohen damit genauso umgehen, wie es zuvor erklärt wurde. Verändert sich der Fleck nicht, so soll der Kohen sieben Tage warten und ihn dann noch einmal genau betrachten. Hat sich nichts verändert, so gilt der Fleck als eine Verkrustung der Entzündung, und der Mensch ist rein. Hat sich der Fleck aber ausgebreitet, so soll der Mensch für nicht-rein erklärt werden, denn dann ist es nicht mehr nur die Verkrustung einer Entzündung, sondern ein Aussatz.

Das Gleiche gilt auch bei Brandwunden. Hat sich ein Mensch an der Haut verbrannt und die Haut hat davon Flecken, dann muss der Kohen den Fleck genau betrachten und entscheiden, ob er auch als Aussatz zu gelten hat und der Mensch nicht-rein ist. Hat der Kohen Zweifel, so soll er warten, und er soll auch dafür sorgen, dass ein solcher Mensch sieben Tage lang von anderen Leuten ferngehalten wird. Verändert sich die Haut nicht, dann muss er den Menschen für rein erklären.

Auch dort, wo der Mensch Haare hat – auf dem Kopf, oder im Gesicht als Bart – kann er einen Aussatz bekommen. Verändert sich dort die Haut, muss er zum Kohen gehen und sich untersuchen lassen, ob es sich um einen Haaraussatz handelt. Hat sich die Haut nicht verändert, dann soll der Kohen die Stelle markieren, sieben Tage warten und wieder untersuchen, und er soll dafür sorgen, dass ein solcher Mensch in dieser Zeit von anderen Leuten ferngehalten wird.

Hat sich nichts verändert, dann soll dieser Mensch seine Haare scheren. Der Kohen wartet noch einmal sieben Tage. Hat sich auch bis dahin nichts verändert, dann soll der Mensch für rein erklärt werden, der Mensch soll seine Kleider waschen und ist dann rein.

Breitet sich der Haaraussatz später doch aus, dann muss ihn der Kohen sofort für nicht-rein erklären.

Folgende Fälle gelten nicht als nicht-rein:

Wenn ein Mann oder eine Frau einen Fleck auf der Haut hat, die aber keine wesentlichen Veränderungen der Haut bedeuten, dann können sie als rein gelten.

Wenn jemand seine Haare auf dem Kopf verliert, dann ist dies Kahlköpfigkeit, und das soll nicht als nicht-rein gelten.

Verändert sich aber die Haut an den Stellen, wo der Mensch kahlköpfig ist, dann muss der Kohen diese Stellen genau ansehen. Hat sich die Haut deutlich verändert, dann gilt das als Aussatz, und der Kohen muss diesen Menschen für nicht-rein erklären.«

Wie sich ein Leidender zu verhalten hat

13,45
Und der Ewige fuhr fort: »Du sollst aber auch wissen, wie sich jemand verhalten soll, der von einem Kohen als nicht-rein erklärt worden ist.

Jemand, der als nicht-rein gilt, soll sich alte und zerrissene Kleider anziehen und sie so lange tragen, wie er als nicht-rein gilt. Außerdem soll er seine Haare wachsen lassen. Auch soll er sich bis über die Lippen verhüllen und immer »Nicht-rein, Nicht-rein! *Tame! Tame!*« ausrufen, damit andere wissen, dass sie mit ihm nicht in Berührung kommen dürfen.

Damit er nicht mit gesunden Menschen in Kontakt kommt, soll er **zurückgezogen außerhalb des Lagers leben.**

* **Zurückgezogen außerhalb des Lagers leben:** Auch wenn Unreinheiten nichts Verwerfliches sind, geht es darum, eine Ausbreitung zu verhindern. Aus diesem Grund wird jemand, der als nicht-rein erklärt worden ist, in Quarantäne gesetzt: Der Kohen muss dafür Sorge tragen, dass sich der oder die an Aussatz Leidende in dieser Zeit außerhalb des Lagers aufhält, zusammen mit anderen Aussätzigen.

Der Aussatz an Kleidern

13,47
Es kann vorkommen, dass auch Kleidungsstücke tiefe Flecken bekommen, egal, ob es nun **Kleider** aus Wolle, aus Leinen oder aus Leder sind. Wenn man einen solchen Fleck an seinen Kleidern sieht, dann soll man damit zum Kohen gehen und ihm diesen zeigen. Der markiert den Schaden am Kleid und wartet sieben Tage. In dieser Zeit soll er dafür sorgen, dass ein solches Kleidungsstück aus dem Verkehr gezogen wird. Hat sich der Schaden nach diesen sieben Tagen vergrößert und ausgebreitet, dann handelt es sich um einen Aussatz, und das Kleid ist nicht-rein. Es bleibt einem nichts anderes übrig, als das Kleidungsstück zu verbrennen. Man muss es auch verbrennen, wenn der Schaden zwar nicht größer, aber auch nicht kleiner geworden ist. Dann steckt der Schaden schon in dem Kleidungsstück, und man muss es verbrennen.

* **Kleider:** Dass auch Kleidungsstücke nicht-rein werden können, liegt daran, dass die Unreinheit als dynamischer Prozess verstanden wird: Da Kleider in unmittelbarem Kontakt mit Menschen sind, kann sich Unreinheit übertragen.

Etwas anderes ist es, wenn sich der Schaden nach den ersten sieben Tagen verkleinert hat und dunkler geworden ist. Dann kann der Kohen das Kleidungsstück für rein erklären.

Wurde der Schaden aber durch das Waschen besser, so soll nur die beschädigte Stelle herausgerissen werden. Sollte danach aber noch einmal ein Schaden zu entdecken sein, so muss nun dieses Mal das Kleidungsstück verbrannt werden.

PARASCHAT MEZORA – Der Aussatz

Lev 14,1–15,33

Auch diese Parascha wird allein im Zyklus der Torah-Lesung gelesen und hat keinen weiteren Widerhall in der Liturgie gefunden. Als Haftara wird zu dieser Parascha der Abschnitt 2 Kön 7,3–20 gelesen. Auch in diesem Abschnitt geht es um Aussätzige.

Einleitung

Bevor das Thema »Unreinheit bei den Fortpflanzungsorganen« wieder aufgenommen und damit die »Torah der Reinheit« abgeschlossen wird, werden noch weitere Themen behandelt: Zunächst geht es um das Ritual, durch das der an Aussatz Erkrankte, wenn er wieder rein ist, in die Gemeinschaft zurückkehren kann, und schließlich um den Aussatz an Häusern. Dieser setzt (zusammen mit dem Aussatz an Kleidern) einen etwas anderen Akzent, da es bei der Unreinheit von Personen darum geht, wer für das Heiligtum tauglich ist. Bei der Kleidung steht das nicht im Vordergrund, und Häuser können überhaupt nicht zum Heiligtum gebracht werden. Kleidung und Häuser sind aber die Dinge, die den Menschen unmittelbar umgeben und die sozusagen zu seinem Selbst gehören: Ein Mensch hat stets Kleidung und ein Dach über dem Kopf. Deshalb werden sie in Bezug auf äußerliche Schädigungen eigens behandelt und in die Kategorie rein und nicht-rein gebracht.

In der Einleitung zur Parascha *Tasria* haben wir schon darauf hingewiesen, dass Flüssigkeiten aus den Fortpflanzungsorganen bezüglich der Unreinheit unter besonderer Aufmerksamkeit stehen und dies bereits mit dem Gebot zur Fortpflanzung in Zusammenhang gebracht. Fortpflanzung ist ja eben der Akt, in dem der Mensch selbst am ehesten schöpferisch ist, also eine Tätigkeit ausübt, die dem g'ttlichen Schöpfungsakt am nächsten kommt. Deshalb unterliegt genau dieser Akt einer besonderen Gesetzgebung, um ihn unter das g'ttliche Gebot zu stellen.

Leider sind auch die im hier folgenden Torah-Abschnitt behandelten »Unreinheiten« durch Ausflüsse aus den Geschlechtsorganen (und nur dort!) nicht ohne negative Auswirkungen auf das Verständnis der Sexualität geblieben: dass Sexualität etwas Negatives sei, weil sie mit Unrein-Sein einhergeht (Menstruation; Samenerguss). Aber gerade dies möchte die Torah nicht mitteilen. Vielmehr geht es darum, auch die »normalste und schönste Sache der Welt« nicht einfach so geschehen zu lassen, sondern in die grundsätzliche Kategorisierung des Menschen im Gegenüber zum Heiligtum und damit zu G'tt verantwortlich einzubinden.

Die in Paraschat *Mezora* formulierten Unreinheiten haben heute alle ihre Gültigkeit verloren, weil es kein Heiligtum mehr gibt und eine Anwendung dieser Regeln auf die Synagoge niemals unumstritten war. Deshalb ist es heute auch unerheblich, ob jemand an einer Hautkrankheit leidet. Er ist im Judentum deshalb weder aussätzig noch wird er von liturgischen Handlungen ausgeschlossen: Ein Mann, dem nächtlicher Samen abgeht, kann am anderen Morgen in die Synagoge gehen und zur Torah aufgerufen werden. Dass die Frauen im traditionellen Judentum nach ihrer Menstruation in die Mikwe gehen, hat mit den Bestimmungen zu tun, die wir in Paraschat *Achare Mot* lesen, wo die dem Mann verbotenen Geschlechtsbeziehungen aufgelistet sind, und dort auch das Verbot, mit einer Menstruierenden zusammen zu sein.

Die Reinigung des Kranken

14,1–4

וַיְדַבֵּר ה' אֶל מֹשֶׁה לֵּאמֹר:
זֹאת תִּהְיֶה תּוֹרַת הַמְּצֹרָע בְּיוֹם טָהֳרָתוֹ
וְהוּבָא אֶל הַכֹּהֵן:
וְיָצָא הַכֹּהֵן אֶל מִחוּץ לַמַּחֲנֶה
וְרָאָה הַכֹּהֵן וְהִנֵּה נִרְפָּא נֶגַע הַצָּרַעַת מִן הַצָּרוּעַ:
וְצִוָּה הַכֹּהֵן וְלָקַח לַמִּטַּהֵר שְׁתֵּי צִפֳּרִים חַיּוֹת טְהֹרוֹת
וְעֵץ אֶרֶז וּשְׁנִי תוֹלַעַת וְאֵזֹב:

Dann sagte der Ewige zu Mosche: »Folgende Regel soll für den gelten, der von seinem Aussatz geheilt wurde. Wenn ein Aussätziger rein geworden ist, dann soll er zum Kohen gebracht werden, der sich außerhalb des Lagers um den Leidenden kümmern wird. Stellt der Kohen nun fest, dass der Aussätzige geheilt ist, dann wird er von ihm verlangen, dass er zwei lebende, reine Vögel bringen soll, zusammen mit Akazienholz, karmesinroter Wolle und einem Ysopbüschel.

Dann soll einer der **Vögel** über Quell- oder Fließwasser geschächtet werden, während der lebende Vogel und die anderen Dinge, die gebracht worden sind, in dessen Blut getaucht werden sollen. Damit sprengt der Kohen siebenmal auf den, der sich reinigt, und reinigt ihn so. Den lebenden Vogel kann er danach **fliegen lassen**.

Danach soll der, der sich reinigt seine Kleider waschen, alle seine Haare scheren und sich selbst baden. Damit ist er rein und er kann in das Lager zurückkehren. Allerdings darf er nicht sofort zurück in seine Wohnung, sondern muss zuerst sieben Tage abwarten. Dann erst soll er noch einmal seine Haare schneiden, seine Kleider waschen und ein Bad nehmen, damit er rein werden und in seine Wohnung zurückkehren kann.

* **Vogel-Ritual:** So, wie es wichtig war, dass der Kohen den Aussätzigen für nicht-rein erklärt hat, so ist es nun auch wichtig, dass der Betroffene nicht nur einfach so wieder gesund ist, sondern vom Kohen für rein erklärt wird. Die Zeit der Absonderung wird durch ein eigenes Ritual abgeschlossen, durch das der Geheilte wieder ins Lager und damit in sein soziales Umfeld zurückkehren kann.

* **Wegflug des Vogels:** Das Blut-Ritual stellt so etwas wie eine Übertragung dar: Indem der lebende Vogel mit Blut besprengt wird, übernimmt er die Unreinheit und trägt sie dann davon.

Aber damit noch nicht genug: Am achten Tag soll er nun zwei männliche und ein weibliches Schaf nehmen, die ganz ohne Fehler und noch kein Jahr alt sind. Dann soll er auch Mehl und Öl mitnehmen und zum Heiligtum gehen und alles zum Kohen bringen. Dann soll der Kohen ein männliches Schaf nehmen und es als eine Opfergabe der Schuld, als ein Ascham, zusammen mit dem Öl bringen. Er soll das alles in die Himmelsrichtungen schwingen und danach das Schaf schächten. Dann soll der Kohen von dem ***Blut*** *der Opfergabe nehmen und den rechten Ohrknorpel des Geheilten, den Daumen der rechten Hand und die große rechte Zehe damit bestreichen.*

* **Blut-Ritual am Körper:** So, wie in Paraschat *Tezawe* (Ex 29) die Kohanim bei ihrer Einsetzung ebenfalls an Ohrläppchen, rechtem Daumen und rechtem Zeh mit Blut bestrichen wurden, so findet sich dasselbe Ritual jetzt bei demjenigen, der von der Unreinheit geheilt ist.

Danach nimmt der Kohen von dem Öl und sprengt es siebenmal vor den Ewigen. Von dem übrigen Öl in seiner Hand nimmt er etwas und bestreicht noch einmal den rechten Ohrknorpel, den rechten Daumen und die große rechte Zehe des Geheilten. Den Rest des Öls, das der Kohen noch in seiner Hand hat, streicht er auf den Kopf des Geheilten. So soll der Kohen den Geheilten wieder ins Reine bringen.

Hat der Kohen all das gemacht, dann soll er die Opfergabe zur Reinigung bereiten, also die Chattat, um auch damit den Geheilten ins Reine zu bringen. Erst danach soll er auch noch die Opfergabe, die ganz verbrannt werden soll, also die Olah, auf dem Altar dem Ewigen bereiten. Wenn der Kohen das getan hat, dann ist der Kranke wieder ganz rein.

Hat der Geheilte nicht genug Geld, um all die Opfertiere kaufen zu können, dann kann er stattdessen auch Tauben und Turteltauben nehmen. Und der Kohen soll ähnlich wie mit den Schafen auch mit den Tauben und Turteltauben verfahren.«

Wie Häuser aussätzig sein können

14,33

Dann sagte der Ewige zu Mosche und Aharon: »Wenn ihr einmal in das Land Knaan kommt, das ich euch versprochen habe, dann werdet ihr auch Häuser bauen, und dann kann es auch sein, dass ein Haus ebenfalls von einem Aussatz befallen wird. Wenn das geschieht, dann muss der Hausbesitzer zum Kohen gehen und ihm von dem Schaden berichten. Dann soll der Kohen, noch bevor er zum Haus geht, anordnen, dass man sofort das **Haus ausräumen** soll, damit nicht all die Sachen, die im Haus sind und die man nicht reinigen kann, ebenfalls vom Aussatz befallen werden.

Danach soll der Kohen kommen und sich den Schaden ansehen. Haben die Flecken entsprechende Vertiefungen, dann soll er das Haus für sieben Tage abschließen. Am siebten Tag soll er wiederkommen und nachsehen, ob sich der Schaden ausgebreitet hat. Hat sich der Schaden ausgebreitet, so soll der Kohen anordnen, dass die befallenen Steine entfernt werden. Diese Steine soll man vor die Stadt an einen nicht-reinen Ort bringen. Darüber hinaus soll das Haus von innen um die Stelle des Schadens herum abgekratzt werden, und das Abgekratzte soll ebenfalls vor die Stadt an einen nicht-reinen Ort gebracht werden. Die herausgenommenen Steine soll man dann ersetzen und das Haus innen neu tünchen.

Sollte es aber passieren, dass der Schaden an dem Haus ein weiteres Mal ausbricht, obwohl man Steine ausgebessert und von innen neu getüncht hat, dann wird das wohl ein Aussatz sein. Der Kohen soll kommen und es sich genau anschauen. Das Haus ist nicht-rein. Es muss abgerissen werden. Und alle seine Steine und sein Holz und alles, womit es erbaut worden ist, soll vor die Stadt hinausgebracht werden an einen nicht-reinen Ort.

Wenn jemand in das Haus, das der Kohen abgeschlossen hat, hineingeht, dann wird derjenige selbst nicht-rein bis zum Abend. Auch wer sich in einem abgeschlossenen Haus niederlegt, ist nicht-rein, und er muss seine Kleider waschen.

Ist es aber passiert, dass der Kohen das Haus abgeschlossen hat und er kommt nach sieben Tagen und er sieht, dass sich der Schaden nicht ausgebreitet hat, dann soll er das Haus für rein erklären, denn es gibt keinen Schaden mehr.

Und dann soll man auf folgende Weise vorgehen: Um das Haus wieder ins Reine zu bringen, nimmt man wiederum zwei lebende Vögel, Akazienholz, karmesinrote Wolle und einen Ysopbüschel.

* **Das Haus ausräumen:** Wenn ein Haus einen Schaden hat, so ist das für dessen Bewohner ein harter Schlag, weil es damit in Gefahr ist, abgerissen zu werden. Um den Schaden gleichwohl gering zu halten, wird von vornherein angeordnet, das Haus auszuräumen, damit der Schaden (auch für den Einzelnen) nicht unermesslich hoch wird. Analog zu den Hautveränderungen am Menschen gilt auch hier, dass nicht entscheidend ist, was objektiv krankhaft oder befallen ist, sondern was der Kohen entscheidet.

Dann soll man den einen Vogel über Wasser schächten, und die anderen Dinge, die man mitgebracht hat, und den lebenden Vogel in dessen Blut und in das Wasser eintauchen und siebenmal damit gegen das Haus sprengen. Den lebenden Vogel kann man danach wieder fliegen lassen. Damit bringt der Kohen auch das Haus wieder ins Reine.«

Die Unreinheiten bei Mann und Frau

15,1

Und weiter sagte der Ewige zu Mosche und Aharon: »Nun sollt ihr auch noch Folgendes den Kindern Jisraels erklären: Es kann vorkommen, dass ein Mann eine ***Geschlechtskrankheit*** *hat. Dann wird der Mann dadurch nicht-rein. Und dann wird auch alles, worauf der Mann sich üblicherweise legt und setzt, ebenfalls nicht-rein. Und jemand, der die Stellen, auf denen der Mann gesessen oder gelegen hat, berührt, muss seine Kleider waschen und ist selbst bis zum Abend nicht-rein.*

Ist der Mann aber von dieser Krankheit geheilt, so ist er wieder rein. Er muss sieben Tage zählen, danach soll er seine Kleider waschen und sich mit Wasser baden, dann ist er wieder rein. Am achten Tag soll er zwei junge Tauben nehmen und damit zum Eingang des Zeltes gehen und sie dem Kohen geben. Dann soll der Kohen die Tiere als Opfergabe zur Reinigung und als eine Opfergabe, die ganz verbrannt werden soll, dem Ewigen bringen. Damit kommt der Mann wieder ins Reine.

Nun kann es aber auch passieren, dass einem Mann Samen zufällig abgeht. Wenn das der Fall ist, dann soll er seinen ganzen Körper baden, während er bis zum Abend nicht-rein bleibt. Und alles, worauf der Samen gekommen ist, muss gewaschen werden.

War der Mann, dem Samen abgegangen ist, nicht allein, sondern mit seiner Frau zusammen, dann sollen sich beide baden, und beide sind bis zum Abend nicht-rein.

Nun ist es so, dass eine ***Frau ihre Periode*** *hat und blutet. Dann soll sie sich sieben Tage zurückziehen. Jeder, der eine solche Frau berührt, ist selbst nicht-rein bis zum Abend. Auch alles, worauf*

* **Geschlechtskrankheiten:** Alle Ausflüsse aus den Geschlechtsorganen (uterines Blut, Samenerguss, krankhafte Ausflüsse) führen dazu, dass Menschen nicht-rein sind. Alle anderen Körperflüssigkeiten (Stuhl, Urin, Nasenbluten u. a.) haben keine Auswirkung auf den Reinheitsstatus eines Menschen. Deshalb verweisen all diese Gesetze auf das Thema Schöpfung und neues Leben: Ein irregulärer Ausfluss (zum Beispiel bei einer Tripperinfektion) macht ja nicht nur nicht-rein, sondern faktisch auch unfruchtbar, und während der Menstruation ist eine Frau nicht empfängnisfähig. Dass beide Beteiligten durch Samenerguss beim Geschlechtsverkehr nicht-rein werden, begründet Raschi nicht mit der Berührung, sondern verweist auf den unergründlichen g'ttlichen Ratschluss.

* **Die Unreinheit der Frau** ***(Nidda):*** Diese Regelung hat im Judentum über die Zerstörung des Tempels im Jahr 70 n. u. Z. hinaus Bestand gehabt und wird heute im traditionellen Judentum insofern beachtet, als eine Frau nach ihrer Periode sieben (und weitere von den Rabbinen angeordnete) Tage zählen muss und dann in der Mikwe, dem Ritualbad, untertauchen soll. Dies hat deshalb Bestand, weil in Paraschat *Achare Mot* (Lev 18,19) das Verbot formuliert ist, mit einer Frau Geschlechtsverkehr zu haben, die ihre monatliche Blutung hat, ein Verbot, das hier unabhängig vom Heiligtum den Umgang der Geschlechter miteinander regelt.

והזרתם את־
בני־ישראל
מטמאתם
ולא ימתו
בטמאתם
בטמאם
את־משכני
אשר
בתוכם

diese Frau sitzt oder liegt, wird nicht-rein. Und jeder, der etwas berührt, worauf sie gesessen hat, der soll seine Kleider waschen und sich in Wasser baden, er ist bis zum Abend nicht-rein.

Ist aber jemand mit ihr intim zusammen gewesen, so ist auch dieser sieben Tage lang nicht-rein.

Eine Frau muss sich auch an diese Regeln halten, wenn sie nicht zur normalen monatlichen Zeit blutet, sondern zwischendurch, oder wenn sie ihre Periode länger als üblich hat. Dann ist sie solange nicht-rein, wie Blut abgeht. Wenn sie aufhört zu bluten, soll sie sieben Tage zählen, danach ist sie rein. Dann soll sie am achten Tag zwei junge Tauben nehmen und sie zum Kohen an den Eingang des Zeltes bringen. Dann soll der Kohen die eine Taube als Chattat bringen, als Opfergabe, die ins Reine bringt, die andere als Opfergabe, die ganz verbrannt werden soll. Auf diese Weise bringt der Kohen die Frau wieder ins Reine.

Ihr, die Kohanim, sollt die Kinder Jisraels dazu ermahnen, diese Vorschriften zu rein und nicht-rein nicht auf die leichte Schulter zu nehmen, damit sie nicht sterben, wenn sie mein Heiligtum, das ja mitten unter ihnen ist, nicht-rein machen.«

Das also waren die Weisungen für den Mann, der einen Ausfluss, und für die Frau, die ihre Tage hat.

PARASCHAT ACHARE MOT – Nach dem Tod

Lev 16,1–18,30

Neben dem normalen Zyklus in der Torah-Lesung werden aus dieser Parascha auch folgende Texte liturgisch verwendet: Lev 16,1–34 wird als Torah-Lesung im Schacharit-G'ttesdienst an Jom Kippur vorgetragen. Auch Lev 18,1–30 ist eine Torah-Lesung, und zwar zum Mincha-G'ttesdienst an Jom Kippur.

Als Haftara wird zu dieser Parascha Ez 22,1–19 gelesen, worin der Prophet die Untaten der Jerusalemer anklagt, die unschuldiges Blut vergossen haben.

Einleitung

Diese Parascha setzt den Schlusspunkt unter die Abschnitte, in denen es um den Dienst am Heiligtum geht, und kehrt deshalb noch einmal zu den Kohanim zurück. Das wird schon durch ihren Namen angedeutet: *Achare Mot* – »nach dem Tod der beiden Söhne Aharons«. Sie knüpft an die Stelle an, an der die beiden Söhne Aharons von dem fremden Feuer verzehrt wurden. Weil seine beiden Söhne unangemessen, nämlich unaufgefordert, im Heiligtum eine Feueropfergabe gebracht haben, erhält nun auch Aharon eine zeitliche Beschränkung, in der er in das Allerheiligste eintreten kann. Zu einer räumlichen Beschränkung (das Heiligtum ist nicht überall und nicht jeder darf hinein!) kommt damit eine zeitliche: Das Allerheiligste darf Aharon künftig nur noch einmal, und zwar am Jom Kippur, betreten. Um auch das Allerheiligste wieder rein zu machen, kommt ein wichtiger Gedanke ins Spiel: In einem wiederkehrenden zeitlichen Rhythmus werden das Heiligtum, und damit auch alle Jisraeliten und Kohanim, von allen Verfehlungen »gereinigt«. Alles, was das Verhältnis zu G'tt gestört hat und was sich übers Jahr angesammelt hat, alle Verfehlungen, Unreinheiten und Irrtümer werden an diesem Tag »gelöscht«. Während sich nämlich die Unreinheit und Reinheit des Einzelnen gleichmäßig über das Jahr verteilen, und der Zustand des Nicht-Reinen immer wieder seine Auflösung erfährt, sammelt sich auf den Kohanim und am Heiligtum in diesem Zeitraum so etwas wie eine kollektive Unreinheit (Ex 28,36), die zu einem bestimmten Zeitpunkt wieder in Reinheit überführt werden muss, damit der Dienst am Heiligtum für die Jisraeliten fortgeführt werden kann. Der Jom Kippur ist sozusagen das einzige, und nur ein sehr kleines Zeitfenster, an dem weder am Einzelnen noch an den Kohanim etwas Unreines haftet. Auch am Heiligtum nicht, weil es soeben gereinigt worden ist.

Auch wenn dieses Ritual im Judentum nicht mehr durchgeführt werden kann, da es keinen Tempel mehr gibt, hat sich der Grundgedanke des zeitlich wiederholten Sich-ins-Reinebringen tief verwurzelt und wurde auf die individuellen Vergehen und Sünden übertragen, die einmal im Jahr – an Jom Kippur – gelöscht werden. Und auch für das heutige Judentum gilt, dass der Einzelne bezüglich seiner Verfehlungen niemals als ganz fehlerlos oder als vollkommen fehlerbehaftet gilt. Das ganze Jahr über lebt er damit, dass er nicht ganz frei von Verfehlungen, Übertretungen und so weiter ist. Er kann aber nach Reinheit streben, und am Jom Kippur kann er dann mit sich und G'tt ins Reine kommen.

Inzestverbot: In dieser Parascha werden neben dem Jom Kippur vor allem die verschiedenen verbotenen Geschlechtsbeziehungen aufgelistet, darunter auch jene zu bestimmten Verwandten. Gerade das Thema des Inzests wird in neuerer Zeit in der Öffentlichkeit immer wieder diskutiert und dabei das Verbot als solches infrage gestellt. In der modernen Gesellschaft hat sich im Verhältnis zur biblischen Vorstellung etwas Wesentliches verändert: Dem heutigen Staat ist es gleichgültig, wie Menschen untereinander ihre Sexualbeziehungen regeln, er hat keine rechtlichen Mittel, bestimmte Sexualpraktiken zu sanktionieren. Er kann nur dort eingreifen, wo die Rechte Minderjähriger zu schützen sind. Die Torah begründet als Rechtskorpus aber eine Wertegemeinschaft, die nicht allein darauf beruht, die persönlichen Rechte zu schützen, sondern die das Gemeinwesen im Blick hat. Deshalb sind für die Torah die Geschlechtsbeziehungen des Einzelnen nicht unerheblich, sondern gehören unmittelbar zum kollektiven Wertekanon dazu.

Verbotener Geschlechtsverkehr: Neben den verbotenen Geschlechtsbeziehungen mit nahen Verwandten listet diese Parascha noch weitere Fälle auf, für die ein striktes Verbot intimer Beziehungen gilt. Dazu gehört der geschlechtliche Umgang mit einer Menstruierenden, ein Verbot, das auch in der Halacha bis heute eine ganze Reihe von sogenannten Nidda-Vorschriften nach sich gezogen hat. Weiterhin formuliert die Torah an zwei Stellen ein sehr striktes Verbot für Geschlechtsverkehr unter Männern (Geschlechtsverkehr unter Frauen nimmt die Torah nicht in den Blick) sowie für beide Geschlechter ein absolutes Verbot für den geschlechtlichen Umgang mit Tieren. Während wir weniger Schwierigkeiten damit haben, den Geschlechtsverkehr mit Tieren zu ächten, fällt dies hinsichtlich des Verbotes homosexueller Beziehungen heute schwerer. Man hat für das biblische Verbot homosexueller Verbindungen viele Erklärungen aufgeboten. Der Kontext der Aufzählung auch inzestuöser Verbindungen spricht dafür, dass es der Torah hier wohl vor allem um die Bewahrung familiärer Ordnungen und die Einhaltung festgefügter Rollen (auch der Geschlechterrollen) geht.

Der Jom Kippur

16,1–3

וַיְדַבֵּר ה' אֶל מֹשֶׁה אַחֲרֵי מוֹת שְׁנֵי בְּנֵי אַהֲרֹן
בְּקָרְבָתָם לִפְנֵי ה' וַיָּמֻתוּ׃
וַיֹּאמֶר ה' אֶל מֹשֶׁה דַּבֵּר אֶל אַהֲרֹן אָחִיךָ וְאַל יָבֹא
בְכָל עֵת אֶל הַקֹּדֶשׁ מִבֵּית לַפָּרֹכֶת אֶל פְּנֵי הַכַּפֹּרֶת
אֲשֶׁר עַל הָאָרֹן וְלֹא יָמוּת כִּי בֶּעָנָן אֵרָאֶה עַל הַכַּפֹּרֶת׃
בְּזֹאת יָבֹא אַהֲרֹן אֶל הַקֹּדֶשׁ
בְּפַר בֶּן בָּקָר לְחַטָּאת וְאַיִל לְעֹלָה׃

Torah-Lesung zum Schacharit-G'ttesdienst an Jom Kippur

Nach dem Tod der beiden Söhne von Aharon, Nadav und Avihu, die ja gestorben waren, weil sie sich unaufgefordert dem Ewigen genähert hatten, sagte der Ewige zu Mosche: »Sag nun deinem Bruder Aharon, dass auch ihm nicht erlaubt ist, zu jeder beliebigen Zeit in das Heiligtum hinter den Vorhang zu gehen. Wenn er meint, er könne das nach eigenem Gutdünken tun, dann muss er damit rechnen, dass er stirbt, so, wie schon seine Söhne gestorben sind.

Er kann nur dann **hinter den Vorhang** treten, wenn er zuvor viele andere Dienste verrichtet hat, die ich dir jetzt als Jom Kippur erkläre:

* **Hinter den Vorhang,** also in das Allerheiligste, dort, wo der heilige Kasten steht, tritt Aharon nach dieser Einschränkung nur einmal im Jahr, nämlich an Jom Kippur. Und dann ist dieses Eintreten mit einem sehr ausführlichen Ritual mit mehreren Opfertieren und dem Bock für den Berg Asasel verbunden.

Zunächst benötigt er für sich einen jungen Stier und einen Widder für verschiedene Opfergaben. Aber bevor er die Opfergaben bringt, soll er sich zuerst baden und dann einen Rock und eine Hose aus Leinen anziehen. Dann soll er sich einen Leinengürtel und einen Turban aus Leinen umbinden. Das alles sind heilige Gewänder.

Dann soll er zur Gemeinde Jisraels hintreten und von ihr zwei Ziegenböcke und einen Widder erbitten. Aber als Erstes soll er den Stier, der ihm gehört, als Chattat zum Altar bringen. Erst dann soll er die beiden Böcke der Gemeinde Jisraels nehmen und sie an den Eingang des Zeltes vor den Ewigen stellen. Dann soll er mit Losen bestimmen, welcher Bock für den Ewigen ist und welcher für den Berg Asasel. Der Bock für Asasel soll nämlich dann dorthin, in eine ganz entlegene Gegend, geschickt werden.

Und Aharon soll alles ganz genau so machen, wie ich es nun noch einmal sage: Aharon soll zunächst seinen Stier nehmen, ihn als eine Opfergabe zur Reinigung für sich und dic Kohanim schächten. Danach soll er eine Pfanne mit glühenden Kohlen nehmen, Räucherwerk und Gewürze hineinlegen und das alles hinter den Vorhang bringen. Hier soll er auf dem Altar vor dem Ewigen das Räucherwerk auf das Feuer bringen, sodass eine mächtige Dampfwolke entsteht und alles einhüllt, auch den Deckel, der über der Torah liegt. Eine große Wolke soll auf dem Deckel sein, damit Aharon nicht stirbt. Außer ihm darf sich hier auch niemand anderes aufhalten.

Dann soll er von dem Blut des Stieres nehmen und damit siebenmal Richtung Deckel sprengen.

Danach soll er den Ziegenbock des Volkes als Chattat, als Opfergabe zur Reinigung, schächten, von dessen Blut nehmen, damit hinter den Vorhang gehen, und genauso verfahren, wie er es vorher mit dem Blut des Stieres getan hatte: siebenmal den Deckel damit besprengen. Wenn er das genauso macht, dann macht Aharon das Heiligtum wieder ganz und gar heilig und reinigt es von den Verfehlungen und Unreinheiten der Kinder Jisraels. Und so soll es Aharon machen mit dem ganzen Zelt. So schafft er für sich, sein Haus und für die ganze Gemeinde Jisraels die Reinigung.

Dann soll er hinausgehen zum goldenen Altar und wiederum von dem Blut des Stieres und vom Blut des Bockes nehmen und damit die Hörner des Altares einstreichen und ihn danach noch siebenmal besprengen. So macht er auch den Altar wieder von all den Verfehlungen rein, die die Kinder Jisraels vielleicht gemacht haben, weil sie nicht-rein ins Heiligtum gekommen sind.

Wenn er das Heiligtum, das Zelt und den Altar gereinigt hat,

* **Bock für Asasel:** Nach dem Talmud und bei Raschi ist »Asasel« der Name eines steilen Berges, von dem dieser Bock hinabgestürzt wird. Mit diesem Ritual sollen alle Übertretungen und Verfehlungen, die zuvor auf diesen Bock übertragen worden sind, getilgt werden. Der Asasel-Bock trägt die Unreinheiten »in die Wüste«, das heißt an einen Ort, von dem er nicht zurückkommen soll, damit er die auf ihn geladenen Unreinheiten nicht wieder zurückschleppt. Die sprichwörtliche Rede vom »Sündenbock« knüpft zwar an dieses Ritual an, beschreibt es aber nicht vollständig, da es nicht darum geht, seine eigenen Sünden und Verfehlungen jemandem anderen aufzubürden. Es geht bei dem Ritual des Jom Kippur allein darum, die Kohanim und das Heiligtum, die durch Verfehlungen und Übertretungen nicht-rein geworden sind, wieder ins Reine zu bringen. Entsprechend ist der Jom Kippur auch heute kein Sühnetag, an dem alle eigenen Verfehlungen gegen Mitmenschen getilgt werden, sondern allein die Verfehlungen und Übertretungen, die das Verhältnis zu G'tt berühren. Die Übergabe der Verfehlungen auf den Bock ist übrigens das einzige Mal im ganzen Dienst am Heiligtum, dass Aharon etwas sagen muss; der gesamte andere Opferdienst ist wortlos.

soll man den lebenden Ziegenbock, den **Bock für Asasel**, herbringen. Aharon soll beide Hände auf den Kopf des Bockes legen und alle Schuld, alle Verfehlungen und Missachtungen des Gesetzes der Kinder Jisraels bekennen. Er legt sozusagen alle Verfehlungen, alle Schuld, alle Missachtungen auf den Kopf des Bockes. Und dann soll er den Bock von jemandem, der dazu bestimmt worden ist, in die Wüste schicken lassen, sodass der Bock die ganze Schuld der Kinder Jisraels in eine ganz entlegene Gegend bringt.

Währenddessen soll Aharon ins Zelt zurückkehren und alle seine Leinenkleider ablegen, er soll ein Bad nehmen und seine anderen Gewänder wieder anziehen. Danach soll er hinausgehen und nun seine eigene Opfergabe, die ganz verbrannt werden soll, zusammen mit den Opfertieren, die dem Volk gehörten, zum Altar bringen.

Auch das Fett der Opfergabe zur Reinigung soll er auf dem Altar in Rauch aufgehen lassen.

Den Rest der Tiere, die für die Opfergabe zur Reinigung bestimmt waren, soll man vor das Lager hinausschaffen lassen und ihn dort verbrennen.

16,29–31

וְהָיְתָה לָכֶם לְחֻקַּת עוֹלָם
בַּחֹדֶשׁ הַשְּׁבִיעִי בֶּעָשׂוֹר לַחֹדֶשׁ תְּעַנּוּ אֶת נַפְשֹׁתֵיכֶם
וְכָל מְלָאכָה לֹא תַעֲשׂוּ הָאֶזְרָח וְהַגֵּר הַגָּר בְּתוֹכְכֶם:
כִּי בַיּוֹם הַזֶּה יְכַפֵּר עֲלֵיכֶם לְטַהֵר אֶתְכֶם
מִכֹּל חַטֹּאתֵיכֶם לִפְנֵי ה' תִּטְהָרוּ:
שַׁבַּת שַׁבָּתוֹן הִיא לָכֶם וְעִנִּיתֶם אֶת נַפְשֹׁתֵיכֶם
חֻקַּת עוֹלָם:

Und ihr alle, merkt euch das, es soll für euch immer und ewig gelten: Im siebten Monat, also im Tischri, am zehnten Tag, da sollt ihr keinerlei Arbeit verrichten. Aber nicht nur das, ihr sollt auch fasten: nichts essen und trinken, und euch auch sonst körperlich nichts Gutes tun. So sollt ihr selbst es halten und auch alle Fremden, die unter euch wohnen. Denn das ist

כי ביום הזה
יכפר עליכם
לטהר אתכם
מכל חטאתיכם
לפני ה׳ תטהרו

eben der Tag, an dem ihr ins Reine gebracht werdet, damit ihr wieder mit G'tt im Reinen seid. Schließlich sollt ihr auch wieder frei werden können von euren Vergehen und Übertretungen. Es soll euch ein großer Ruhetag sein, ein Schabbat der Schabbate: Es soll für euch ein ewiges Gesetz sein.«
Und Aharon machte alles genau so, wie es der Ewige dem Mosche geboten hatte.

Ende Torah-Lesung zum Schacharit-G'ttesdienst an Jom Kippur

Welche Schächtungen verboten sind

17,1

Und weiter sagte der Ewige zu Mosche: »Sag Aharon und seinen Söhnen und allen Kindern Jisraels: Wenn ihr einen Ochsen, ein Schaf oder eine Ziege **nur für euch schächtet**, ohne dass ihr das Tier als Opfergabe bringen wollt, dann trifft euch eine sehr schwere Schuld. Denn dann habt ihr Blut vergossen. Und wer einfach so und irgendwo Blut vergießt, der soll aus dem Volk getilgt werden.

Vielmehr sollt ihr es so machen: Auch das Vieh, das ihr auf dem Feld schächtet, müsst ihr zum Eingang des Zeltes zum Kohen bringen, damit es dort als Opfergabe für den Frieden gebracht werden kann. Dann kann der Kohen das Blut an den Altar sprengen und das ganze Fett des Tieres in Rauch aufgehen lassen, damit der Ewige weiß, dass dieser Duft für ihn bestimmt ist. Grundsätzlich gilt: Jeder, der sein Vieh nicht vor dem Eingang des Zeltes schächtet und es nicht zum Kohen bringt, der soll aus dem Volk getilgt werden.«

* **Nur für euch schächten:** Auch in diesem Abschnitt geht es um das Verständnis von Blut. Blut darf grundsätzlich nicht vergossen werden, weil Blut nach der Torah der Träger jeglichen Lebens ist. Blut gehört also immer an den Altar. Deshalb dürfen keine profanen Schlachtungen vorgenommen werden. Wer also sein Tier schächten möchte, um es selbst zu verzehren, der muss es zum Heiligtum bringen, damit es dort als Sevach Schlamim, als Opfergabe für den Frieden, gebracht werden kann. Andernfalls wird ihm die Schächtung als Blutschuld, als unschuldig vergossenes Blut *(schfichut dam)*, angerechnet.
Dass wir heute ohne Tempel dennoch Tiere zum eigenen Verzehr schächten können, verdanken wir einer Parallelstelle im fünften Buch der Torah *Devarim*, in dem die Profanschächtung explizit erlaubt ist (Paraschat *Reeh*, S. 69).

Kein Blut genießen

17,10

וְאִישׁ אִישׁ מִבֵּית יִשְׂרָאֵל וּמִן הַגֵּר הַגָּר בְּתוֹכָם אֲשֶׁר יֹאכַל כָּל דָּם
וְנָתַתִּי פָנַי בַּנֶּפֶשׁ הָאֹכֶלֶת אֶת הַדָּם
וְהִכְרַתִּי אֹתָהּ מִקֶּרֶב עַמָּהּ:

»Und dann soll euch auch gelten: Jeder, der irgendwelches **Blut genießt**, der soll aus dem Volk getilgt werden. Denn das Leben des Fleisches ist im Blut, und ich habe es für den Altar bestimmt, damit es euer Leben ins Reine bringt. Und deshalb gilt, dass niemand von euch, auch nicht der Fremde, der bei euch wohnt, Blut essen darf.

Deshalb sollt ihr auch, wenn ihr **Wild oder Vögel** fangt, die ihr essen dürft, zuerst das Blut ausgießen und mit Erde bedecken, bevor ihr die Tiere esst. Denn nochmals: Das Blut ist das Leben allen Fleisches, und darum sollen die Kinder Jisraels von keinem Fleisch das Blut genießen. Und wer es dennoch tut, der soll ausgetilgt werden.

Und isst jemand von einem **gerissenen Tier**, dann soll er seine Kleider waschen und sich selbst baden; er gilt als nichtrein bis zum Abend. Und wer sich nicht badet und seine Kleider nicht wäscht, der macht sich schuldig.«

* **Blut genießen:** Sowenig wie man Blut vergießen darf, sowenig darf man Blut genießen. Entsprechend dürfen auch zum Verzehr erlaubte Tiere nur dann verzehrt werden, wenn sie in der vorgeschriebenen Weise geschächtet und ausgeblutet worden sind. Diese Kaschrut-Regel gilt bis heute.

* **Wild oder Vögel** müssen nach dieser Vorschrift nicht zum Altar gebracht werden. Es genügt, wenn das Blut ausgegossen und mit Erde bedeckt wird. Der Grund liegt darin, dass Wild oder Vögel (mit Ausnahme von Tauben) keine Opfertiere sind und deshalb nicht zum Altar gebracht werden können.

* **Das gerissene Tier** ist das nicht geschächtete, sondern von einem Raubtier erlegte und verendete Tier.

Vorschriften für die geschlechtlichen Beziehungen

18,1–3

וַיְדַבֵּר ה' אֶל מֹשֶׁה לֵּאמֹר:
דַּבֵּר אֶל בְּנֵי יִשְׂרָאֵל וְאָמַרְתָּ אֲלֵהֶם
אֲנִי ה' אֱלֹהֵיכֶם:
כְּמַעֲשֵׂה אֶרֶץ מִצְרַיִם אֲשֶׁר יְשַׁבְתֶּם בָּהּ לֹא תַעֲשׂוּ
וּכְמַעֲשֵׂה אֶרֶץ כְּנַעַן אֲשֶׁר אֲנִי מֵבִיא אֶתְכֶם שָׁמָּה לֹא תַעֲשׂוּ
וּבְחֻקֹּתֵיהֶם לֹא תֵלֵכוּ:

Torah-Lesung zum Mincha-G'ttesdienst an Jom Kippur

Dann sagte der Ewige zu Mosche: »Sag den Kindern Jisraels: Ich bin der Ewige, euer G'tt. Und weil ich euer G'tt bin, deshalb sollt ihr euch nicht so verhalten, wie es in Mizrajim, wo ihr herkommt, üblich ist, auch sollt ihr euch nicht so verhalten, wie es in Knaan, wo ihr hingeht, üblich ist. Lebt nicht nach Gesetzen anderer Völker, sondern achtet auf meine Gesetze und auf meine Rechtsvorschriften. Nur nach ihnen sollt ihr euch richten. Denn ich bin der Ewige, euer G'tt. Wer nach meinen Gesetzen lebt, der wird leben, denn ich bin der Ewige.

Und deshalb gilt:

Niemand darf einem Verwandten so nahekommen, dass er mit ihm Geschlechtsverkehr hat. Denn ich bin der Ewige.

Mit deinem **Vater** und mit deiner Mutter darfst du keinen geschlechtlichen Umgang haben; auch nicht mit anderen Frauen deines Vaters.

Mit deiner Schwester oder Halbschwester darfst du keinen geschlechtlichen Umgang haben.

Mit deiner Enkelin darfst du keinen geschlechtlichen Umgang haben.

Mit deiner Stiefschwester darfst du keinen geschlechtlichen Umgang haben.

Und auch deine Tante, sei sie die Schwester deines Vaters oder deiner Mutter, ist immer eine **Blutsverwandte**, und deshalb darfst du auch mit ihr keinen geschlechtlichen Umgang haben. Das gilt auch für angeheiratete Tanten.

Mit einer Schwiegertochter darfst du keinen geschlechtlichen Umgang haben.

Mit deiner Schwägerin, also der Frau deines Bruders, darfst du keinen geschlechtlichen Umgang haben.

Mit einer **Frau und ihrer Tochter** darfst du nicht gleichzeitig geschlechtlichen Umgang haben, und du darfst auch ihre Enkelin nicht heiraten, denn sie sind miteinander verwandt.

Auch darfst du nicht eine Frau und ihre Schwester gleichzeitig heiraten, damit nicht Feindschaft zwischen ihnen ent-

* **Die Inzestverbote** enthalten detaillierte Bestimmungen, die nicht nur engere und weitere Blutsverwandte einschließen, sondern auch solche Personen, die ebenfalls zur Familie gehören, wie beispielsweise Angeheiratete oder Schwieger-/Schwager-Beziehungen.

* **Vater**: Da die verbotenen Geschlechtsbeziehungen meist vom Mann her gedacht sind, vermutet Raschi hier nicht Homosexualität, sondern die Frau des Vaters.

* **Blutsverwandte:** Beim Inzestverbot geht es weniger um die Blutsverwandtschaft als um das familiäre und soziale Verhältnis zueinander. Deshalb werden auch Stiefmütter oder -töchter unter dieses Verbot subsumiert. Dieses familiäre Verhältnis, das gleichzeitig auch ein Schutzraum für die einzelnen (weiblichen!) Familienmitglieder darstellt, darf nicht durch Geschlechtsbeziehungen gestört werden. Dahinter steht der Gedanke, dass eine Geschlechtsbeziehung eine Familie begründen soll und nicht umgekehrt eine familiäre Bindung die Geschlechtsbeziehung.

* **Die Frau und ihre Tochter:** Hier sind nicht die Geschlechtsbeziehungen zu mehreren Frauen unter Strafe gestellt, sondern nur dann, wenn die Geschlechtspartnerinnen miteinander verwandt sind. Die Texte setzen Polygamie für den Mann selbstverständlich voraus, wie es in den meisten damaligen Gesellschaften üblich war.

steht. Nicht **zu Lebzeiten** beider darfst du die Schwester deiner Frau heiraten.

Einer Frau während ihrer **monatlichen Blutung** darfst du dich nicht nähern, um mit ihr geschlechtlichen Umgang zu haben.

Auch darfst du dich nicht einfach zu der Frau deines Nachbarn legen, um geschlechtlichen Umgang mit ihr zu haben.

Deine Kinder darfst du nicht hingeben, um sie zum **Molech** zu bringen. Du würdest dadurch den Namen des Ewigen entwürdigen.

Du sollst nicht einen **Umgang mit einem Mann** pflegen, wie man sonst Umgang mit einer Frau pflegt, das wäre ein Gräuel.

Auch soll man nicht mit Tieren so umgehen, wie man zwischen Mann und Frau miteinander umgehen kann, das wäre eine **schändliche Vermischung**.

Alles das mag es bei anderen Völkern geben, du hast dich aber davon fernzuhalten. Achte auf meine Gesetze.

Und alle, die eine dieser fremden Gräueltaten begehen, die sollen aus dem Volk ausgetilgt werden. Macht also nicht, was die Völker vor euch gemacht haben, denn das Land kann es nicht ertragen, wenn Menschen in ihm wohnen, die so etwas tun, und dann speit das Land diese Bewohner aus. Haltet also meine Vorschriften lieber ein, denn ich bin der Ewige, euer G'tt.«

Ende Torah-Lesung zum Mincha-G'ttesdienst an Jom Kippur

* **Zu Lebzeiten** ist eine wichtige Einschränkung, da die Torah grundsätzlich die Schwagerehe kennt: Denn der Mann muss die Frau seines verstorbenen Bruders heiraten, wenn diese Ehe kinderlos war. Ein schönes Beispiel für die Schwagerehe ist die Geschichte von Jehuda und Tamar im ersten Buch *Bereschit* (S. 94 f.).

* **Die monatliche Blutung:** Aus dieser Vorschrift haben sich die sogenannten Nidda-Regeln für die Frau entwickelt, die im traditionellen Judentum noch heute Gültigkeit besitzen.

* **Molech (deutsch Moloch):** Die Molech-Bestimmung ist schwierig zu verstehen. Nach dem Talmud und Raschi handelt es sich bei einem Molech um kultische Praktiken von nicht jisraelitischen Priestern, bei denen Kinder zwischen zwei Feuern hindurchgeführt wurden. Daraus wurde gerne gefolgert, dass der Molech-Kult Kinderopfer fordere. Dies ist historisch aber für den israelitisch-kanaanäischen Raum nicht belegt, auch geben die Texte der Torah dies nicht her. Dass dieses Verbot im Zusammenhang mit den verbotenen Geschlechtsbeziehungen ausgesprochen wird, hängt vielleicht damit zusammen, dass Geschlechtsbeziehungen grundsätzlich auf den Kindersegen hin ausgerichtet sind. Bringt man dann seine Kinder zu einem Götzendienst, verwirft man in gewisser Weise den Segen G'ttes.

* **Umgang mit einem Mann:** Homosexualität ist für die Torah auch deshalb verboten, weil Geschlechtsbeziehungen grundsätzlich auf die Nachkommenschaft ausgerichtet sind. Sie sind für die Torah kein Selbstzweck. Dieser Zusammenhang wurde schon in der Schöpfungsgeschichte thematisiert. Dass Sexualität zur Entfaltung der eigenen Persönlichkeit dazugehört und deshalb nicht ausschließlich auf Nachkommenschaft hin verstanden werden muss, wird in der Torah in dieser Weise nicht thematisiert. Aus diesem Blickwinkel heraus hat das traditionelle Judentum sehr viel mehr Schwierigkeiten, Homosexualität als mögliche Lebensform anzuerkennen.

* **Schändliche Vermischung/Sodomie:** Die Torah nennt den geschlechtlichen Umgang mit Tieren *tevel*, eine schändliche Vermischung, weil derartige Beziehungen gegen die Schöpfungsordnung sind und etwas zusammenbringen, was nicht zusammengehört.

PARASCHAT KEDOSCHIM – Heilige

Lev 19,1–20,27

Diese Parascha hat neben der üblichen Torah-Lesung keine weitere liturgische Verwendung.
Als Haftara wird in den aschkenasischen Gemeinden zumeist Am 9,7–15 gelesen.

Einleitung

In dieser Parascha kommen viele Gebote zur Sprache, die im Buch *Schemot* schon einmal behandelt worden sind, darunter Sozialgesetze wie die Eltern-Ehrung oder das Verbot von Diebstahl und Betrug ebenso wie das Schabbatgebot oder das Verbot von Zauberei und Wahrsagerei. Und dennoch wiederholen sich die Vorschriften nicht einfach. Was hat sich geändert? Wie man bereits aus dem Namen der Parascha erkennen kann, stehen alle Gebote nun unter dem Oberbegriff *»kadosch«* – »heilig«: Ihr sollt mir, dem Ewigen, heilig sein, so wie ich heilig bin. Man nennt diesen Abschnitt daher manchmal auch »Heiligkeitsgesetz«. Aber was heißt das? Soll es bedeuten, dass wir ein Volk von »Heiligen« sein sollen, die deshalb heilig sind, weil sie einen »heiligen« G'tt haben? Dass wir ein Volk scin sollen, das besondere moralische Ambitionen hat?

Wenn wir daran denken, dass in diesem Buch *Wajikra* schon einmal einige Gesetze abgehandelt worden sind (rein und nicht-rein), die ganz eindeutig auf das Heiligtum orientieren sollen, bekommen wir eine Vorstellung davon, worauf dieses »Heiligkeitsgesetz« abzielt: War es nämlich möglich, mit Geboten das Volk auf ein räumlich verstandenes Heiligtum auszurichten, so soll nun das Volk auf »den Heiligen« ausgerichtet werden, und zwar vor allem mit Blick auf das verheißene Land. Deshalb finden wir am Ende des Buches *Wajikra*, vor allem in der Parascha *Behar Sinai*, ausführliche Bestimmungen zum Schabbat- und Joveljahr, die erst dann in Geltung kommen, wenn das Land besiedelt wird. So wie für das Heiligtum als einem abgegrenzten Raum eigene Gesetze gelten, so wird das Volk eine abgegrenzte Größe sein, die spezifischen Geboten folgt. Deshalb heißt es auch zum Schluss dieser Parascha konsequenterweise, dass sich dieses Volk von den anderen Völkern zu unterscheiden habe, wie es insgesamt Unterschiede setzen soll.

Der Gedanke ist also nicht, dass die ganze Welt heilig werde. Vielmehr braucht das Heilige einen abgegrenzten und besonderen Ort, wenn es in dieser Welt Platz haben soll. War dieser Anspruch bislang auf das Heiligtum und das umliegende Lager beschränkt, so weitet sich jetzt der Blick auf das Volk in seinem eigenen Land. Damit ist der Ausspruch: Ihr sollt heilig sein, weil ich heilig bin, nicht so sehr eine moralisch-ethische Aussage als vielmehr und zuerst die Möglichkeit dafür, dass der G'ttesgedanke in Bezug auf die Welt überhaupt zu denken ist. Wenn Jisrael also das Volk G'ttes ist, dann muss es sozusagen ein besonderer Raum in der Welt sein. Die Torah formuliert dies sehr strikt, was für uns heute nicht immer leicht nachzuvollziehen ist: Wenn sich das Volk nicht an die Gebote hält und sich so verhält wie die anderen Völker, also keine Unterschiede mehr setzt, dann muss der Anspruch, G'ttes Volk zu sein, aufgegeben werden, dann hat dieses Volk aber auch keinen Anspruch mehr auf sein Land, und G'tt wird sich abwenden. Von dieser Grundidee her ist es dann natürlich leicht, die Besonderheit des Volkes Jisrael auch ethisch zu verstehen, wie dies bereits im 19. Jahrhundert schon häufig geschehen ist und auch heute immer wieder versucht wird, um die Gebote, die hier abgehandelt werden, für das Hier und Jetzt zu aktualisieren.

Nächstenliebe: Auch der Grundsatz des »Liebe deinen Nächsten wie dich selbst« gehört genau in diese Kategorie von Gesetzen: Er ist eigentlich die Antwort auf das nachgestellte »Ich bin der Ewige«. Weil G'tt der Heilige ist und G'tt dieses Volkes sein will, folgt daraus, dass die Menschen untereinander »sich lieben« sollen, will sagen: sie sollen nicht nur Gesetze befolgen, weil sie befohlen sind, sondern sie sollen sich wirklich geschwisterlich zugetan sein. Das ist mehr als ein ethischer Grundsatz, es ist eine Grundhaltung, die eine Gemeinschaft von Menschen erst ermöglicht.

Heiligkeit

19,1–4

וַיְדַבֵּר ה' אֶל מֹשֶׁה לֵּאמֹר:
דַּבֵּר אֶל כָּל עֲדַת בְּנֵי יִשְׂרָאֵל וְאָמַרְתָּ אֲלֵהֶם קְדֹשִׁים תִּהְיוּ
כִּי קָדוֹשׁ אֲנִי ה' אֱלֹהֵיכֶם:
אִישׁ אִמּוֹ וְאָבִיו תִּירָאוּ וְאֶת שַׁבְּתֹתַי תִּשְׁמֹרוּ
אֲנִי ה' אֱלֹהֵיכֶם:
אַל תִּפְנוּ אֶל הָאֱלִילִם וֵאלֹהֵי מַסֵּכָה לֹא תַעֲשׂוּ לָכֶם
אֲנִי ה' אֱלֹהֵיכֶם:

Und der Ewige sagte zu Mosche: »Sag der ganzen Gemeinde der Kinder Jisraels: Ihr sollt heilig sein, denn auch ich, der Ewige, euer G'tt, bin heilig. Und um heilig zu sein, sollt ihr auf Folgendes achten:

Ihr sollt eurem Vater und eurer Mutter respektvoll begegnen.

Ihr sollt meine Schabbate beachten. Ich bin der Ewige, euer G'tt.

Ihr sollt keine Götterfiguren um Hilfe bitten und euch auch nicht irgendwelche Götterbilder machen. Ich bin der Ewige, euer G'tt.

Wenn ihr mir ein Opfertier als Opfergabe für den Frieden bringt, so bringt es nicht wahllos, sondern mit Verstand, damit es auch angenommen wird.

So sollt ihr das Opfertier, das ihr geschächtet habt, am selben Tag oder einen Tag danach essen, aber nicht mehr am dritten Tag danach. Was bis dahin übrig bleibt, soll verbrannt werden. Esst ihr das Fleisch dennoch erst am dritten Tag, so wird es nicht mehr als Opfergabe angenommen, und wer es isst, macht einen großen Fehler. Er hat das Heiligtum entwürdigt, und er soll aus dem Volk getilgt werden.«

Soziale Gesetze

19,9

»Wenn ihr einmal in eurem Land sein werdet, dann achtet auf Folgendes: Wenn ihr eure Ernte einfahrt, dann soll das Feld **nicht vollständig abgeerntet** werden. Vielmehr sollt ihr die Ernte dort, wo ihr schlecht hinkommt, einfach stehen lassen und nicht noch einmal übers Feld gehen, um den letzten Rest abzuernten. Ebenso beim Weinberg: Mache keine Nachlese. Was an Früchten hängen bleibt, soll hängen bleiben, denn es ist für die Armen und die Fremden. Die sollen sich davon ernähren können. Ich bin der Ewige, euer G'tt.

Ihr sollt nicht stehlen.

Ihr sollt nicht lügen und nichts ableugnen.

Ihr sollt meinen Namen nicht erwähnen, wenn ihr falsche Schwüre gebt. Wenn du so etwas tust, dann entwürdigst du den Namen des Ewigen. Ich bin der Ewige.

Du sollst deinem Nächsten nichts, was diesem gehört, vorenthalten.

Du sollst dich auch nicht an deinen Arbeitern bereichern.

Du sollst einem, der nichts hört, keine Flüche zuwerfen; **einem Blinden** sollst du nichts in den Weg legen. Fürchte dich vor deinem G'tt. Ich bin der Ewige.

Du sollst gerecht sein, wenn du im Gericht **Recht sprichst**. Deshalb sollst du weder auf den Armen Rücksicht nehmen noch den Reichen und Einflussreichen begünstigen. Du sollst allein nach Gerechtigkeit gehen.

Du sollst deinen Nächsten nicht anschwärzen.

Wenn du siehst, dass dein Nächster in Lebensgefahr ist, so hilf ihm, damit ihm nichts passiert. Ich bin der Ewige.

Du sollst keinen Hass gegen deinen Bruder in dir nähren.

Wenn du siehst, dass dein Bruder etwas falsch macht, sollst du ihn zurechtweisen. Du würdest selbst nicht richtig handeln, wenn du deinen Bruder sehenden Auges etwas machen lässt, das nicht richtig ist. Du sollst ihn aber dabei nicht bloßstellen.

* **Nicht vollständig abernten:** Die Maßgabe, eine Ecke, eine *peah,* stehenzulassen, ist eines der Gebote, die für die Zeit im Land Jisrael gegeben wurden und auch nur dort Geltung haben. Diese Gebote sollen verdeutlichen, dass das Land G'tt gehört und nicht das Eigentum des Einzelnen ist. G'tt möchte, dass dafür Sorge getragen wird, dass sein Land grundsätzlich auch verarmte Menschen ernährt.

* **Das Verbot, Behinderten zu schaden,** betont, dass es keinen Bereich im Leben gibt, in dem man einfach machen könnte, was man will: Selbst, wenn der Blinde nicht sieht, wer ihm schadet, so ist es doch G'tt, der es sieht, und der denjenigen zur Rechenschaft zieht, der hier etwas Übles tut und sich dabei in der Sicherheit wähnt, es habe ja keiner gesehen. Raschi dehnt dieses Verbot auf jeden Ratschlag aus, den ein Mensch einem Schwächeren oder Wehrlosen gibt, um ihm zu schaden.

* **Recht sprechen:** Wenn es um Gerechtigkeit geht, kann es nicht angehen, zugunsten eines armen Menschen zu richten. Gerechtigkeit wird weder durch Käuflichkeit noch durch Mitleid erreicht.

19,18

לֹא תִקֹּם וְלֹא תִטֹּר אֶת בְּנֵי עַמֶּךָ וְאָהַבְתָּ לְרֵעֲךָ כָּמוֹךָ אֲנִי ה':

Du sollst nicht nachtragend sein, auch sollst du dich nicht an deinen Mitmenschen zu einem späteren Zeitpunkt rächen wollen.

Du sollst deinen Nächsten lieben wie dich selbst. Alle meine Gesetze sollt ihr beachten.«

Die zwei Arten

19,19

»Achte darauf, dass du von den Tieren nicht zwei Arten zusammenbringst, damit sie sich **nicht gegenseitig begatten**.

Auch sollst du auf dem Feld nicht zweierlei Arten nebeneinander aussäen.

Genauso sollst du kein Kleidungsstück tragen, das aus Wolle und Leinen besteht. Das nennt man *Schaatnes* und darf nicht auf deinen Körper kommen.«

Weitere Heiligkeitsgesetze

19,23

»Wenn ihr einmal in das Land kommen werdet, dann achtet darauf, dass die Bäume, die ihr pflanzen werdet, drei Jahre lang **unbeschnitten** bleiben und ihre Früchte nicht gegessen werden. Die Früchte des vierten Jahres sollen zum Dank dem Ewigen gebracht werden. Erst ab dem fünften Jahr dürft ihr die Früchte der Bäume, die ihr gepflanzt habt, selbst essen. Ich bin der Ewige, euer G'tt. So mehrt ihr euren Ertrag selbst.

Ihr sollt Fleisch nicht essen, wenn noch Blut daran ist.

* **Verbot der Vermengung:** Hatte schon Paraschat *Tasria* die unzulässige Vermengung von Zuständen als nicht-rein erklärt, so wird dieser Aspekt nun auf ganz alltägliche Bereiche des Lebens ausgeweitet wie die Verbote, zwei Arten von Sämereien auszusäen oder Kleidung aus einem Gemisch von Wolle und Leinen anzufertigen. Zum einen sind bestimmte Mischungen dem Heiligtum und der Priesterkleidung vorbehalten, zum anderen hat G'tt die Pflanzen und Tiere je nach ihrer Gattung erschaffen, und diese Schöpfungsordnung darf der Mensch nicht einfach ignorieren. Das Verbot der Vermengung wird im orthodoxen Judentum genau beachtet, auch *Schaatnes*, die Vermengung bei den Kleidern.

* **Unbeschnittenheit der Bäume:** Die Früchte junger Obstbäume sind in den ersten drei Jahren für den Verzehr und die Weiterverarbeitung verboten. Der jährliche Stichtag für den Geburtstag der Bäume ist der 15. Schvat (Tu Bi-Schvat), den zumeist die Kinder als besonderen Tag sehr fröhlich feiern. Die Torah formuliert mit dieser Regel auch eine klare Haltung gegenüber der Ausbeutung natürlicher Ressourcen.

Ihr sollt **nicht wahrsagen** und keine Zaubereien betreiben.

Ihr sollt am Kopf und am Bart die Ecken der Haare stehen lassen und nicht abschneiden.

Ihr sollt euch nicht tätowieren wegen eines Toten. Ich bin der Ewige.

Du sollst deine Tochter nicht zur Unzucht verführen, damit nicht das ganze Land unzüchtig wird.

Meine Schabbate sollt ihr halten und mein **Heiligtum achten**.

Ihr sollt **nicht zu den Totenbeschwörern** und den Wahrsagern gehen, um von ihnen einen Rat zu erbitten. Ihr werdet dadurch nicht-rein: Ich bin der Ewige, euer G'tt.

Einem alten Menschen sollst du respektvoll begegnen und dich vor G'tt fürchten. Ich bin der Ewige.

19,34

כְּאֶזְרָח מִכֶּם יִהְיֶה לָכֶם הַגֵּר הַגָּר אִתְּכֶם
וְאָהַבְתָּ לוֹ כָּמוֹךָ כִּי גֵרִים הֱיִיתֶם בְּאֶרֶץ מִצְרָיִם
אֲנִי ה' אֱלֹהֵיכֶם׃

Ist ein **Fremder** unter euch, dann sollt ihr ihm nicht feindlich begegnen. Du sollst den Fremden genauso behandeln wie den Einheimischen, und auch ihn sollst du lieben wie dich selbst. Denn auch ihr wart Fremdlinge in Mizrajim. Ich bin der Ewige, euer G'tt.

Messt nicht mit falschen Maßen oder Gewichten: Ich bin der Ewige, euer G'tt, der euch aus Mizrajim gebracht hat.

Und so sollt ihr alle meine Gesetze und Rechtsvorschriften beachten und euch an sie halten. Ich bin der Ewige.«

Die Strafen

20,1

Dann sagte der Ewige zu Mosche: »Sag den Kindern Jisraels: Wenn jemand von den Jisraeliten oder auch von den Fremden, die unter ihnen wohnen, seine Kinder dem Molech übergibt,

* **Verbot von Wahrsagekunst:** Die nachfolgenden Verbote verweisen auf bestimmte Totenkulte und andere Riten, die die Jisraeliten nicht machen sollen.

* **Heiligtum achten:** Obwohl der Tempel im Jahr 70 n. u. Z. zerstört wurde, gilt dieses Gebot noch heute für bestimmte Areale des Tempelbergs. Im traditionellen Judentum hat die Synagoge nie den Stellenwert des Tempels eingenommen. Allerdings wurden einige der Reformsynagogen seit dem 19. Jahrhundert »Tempel« genannt. Heutige Synagogen sind nicht an sich heilige Gebäude. Sobald sie aber eine Torah-Rolle beherbergen, bergen sie ein heiliges Objekt, dem mit angemessener Ehrfurcht zu begegnen ist.

* **Die Befragung von Totenbeschwörern** macht nicht-rein, weil für den jisraelitischen Menschen die Befragung G'ttes ausreicht; er braucht keinen doppelten Boden. Auch hier sieht man wieder, dass die Reinheit darin besteht, dass man Dinge nicht in unzulässiger Weise vermengt oder verdoppelt.

* **Fremde:** Die zuvor formulierte Nächstenliebe galt zunächst den Angehörigen des eigenen Volkes. Nun wird sie ausgeweitet auch auf diejenigen, die als Fremde unter den Jisraeliten leben. Offensichtlich geht die Torah davon aus, dass immer wieder Fremde in Jisrael leben. Dann ist es nur konsequent, dass auch diese zur Gemeinschaft der Jisraeliten gehören und entsprechend behandelt werden müssen, da die Gemeinschaft grundsätzlich nicht aufgelöst werden darf.

dann hat er etwas derart Schlimmes begangen, dass er getötet werden soll. Das Volk soll ihn **steinigen.** Auch ich werde mich von ihm wenden und ihn aus dem Volk tilgen, denn er hat seine Kinder dem Molech gegeben und damit das Heiligtum und meinen Namen entwürdigt.

Will aber das Volk diese schlimme Tat nicht sehen und schaut es einfach weg, wenn dieser Mann seine Kinder dem Molech übergibt, dann werde ich mich selbst gegen ihn und seine Familie wenden und ihn aus dem Volk tilgen.

Geht aber von euch jemand zu den Totenbeschwörern und Wahrsagern, dann hat auch der eine schlimme Tat begangen. Ich werde mich gegen ihn wenden und ihn aus dem Volk tilgen.

Ihr sollt euch fernhalten von all den üblen Dingen, damit ihr heilig seid, denn ich bin der Ewige, euer G'tt. Deshalb sollt ihr meine Gesetze und Rechtsvorschriften beachten und ihnen folgen, denn ich bin der Ewige, der euch heiligt.

Verflucht jemand seinen Vater oder seine Mutter, so soll er getötet werden. Denn er hat seinen Vater und seine Mutter verflucht, und dafür wird er gesteinigt.«

* **Steinigen:** Sehr viele Verbote sind, wie in jedem Rechtssystem, mit Strafen belegt. Dabei unterscheidet die Torah grundsätzlich zwischen Strafen, die von den Jisraeliten vollstreckt werden, und solchen, die von G'tt selbst ausgeführt werden. Das Austilgen ist eine g'ttliche Strafe und bedeutet soviel wie »Verkürzung des familiären Lebens« durch Ausbleiben von Nachkommenschaft. Die verschiedenen Todesstrafen, die auch verhängt werden, werden dagegen von den Jisraeliten selbst ausgeführt.

Strafen bei verbotenen Geschlechtsbeziehungen

20,10

»Hat jemand verbotenerweise geschlechtlichen Umgang mit einer Frau, die verheiratet ist, so soll dieser Mann mitsamt der Frau, mit der er heimlich zusammen war, getötet werden.

Auch wenn jemand mit einer Frau von einem seiner Verwandten zusammen war, sollen beide, die die Ehe gebrochen haben, getötet werden. Überhaupt: Wenn sich jemand zu einer Verwandten legt und Inzest begeht, dann soll dieser Mensch getötet werden.

Auch wenn jemand ein Verhältnis zu einem Mann hat, wie zu einer Frau, dann haben beide eine Gräueltat begangen, beide sollen getötet werden.

Wenn jemand mit einer Frau und ihrer Mutter geschlechtlichen Umgang hat, so hat er Unzucht getrieben, er soll den Feuertod sterben.

Verhält sich jemand zu einem Tier wie zu einem Ehepartner, so soll dieser Mensch getötet werden.

Legt sich jemand zu einer Frau, die zu dieser Zeit ihre monatliche Blutung hat, so sollen beide aus dem Volk getilgt werden.

Legt sich jemand zu seiner Tante, genauer zur Frau seines Onkels, so sollen beide, die solches getan haben, kinderlos sterben.

Auch wenn jemand die Frau seines Bruders nimmt, solange der noch am Leben ist, so ist das schändlich, beide sollen kinderlos sterben.

Und alle, die eine dieser fremden Gräueltaten begehen, die sollen aus dem Volk ausgetilgt werden. Macht also nicht, was die Völker vor euch getan haben, denn das Land kann es nicht ertragen, wenn Menschen in ihm wohnen, die so etwas tun, und dann speit das Land diese Bewohner aus. Also haltet euch an meine Gebote, denn ich bin der Ewige, euer G'tt.

Beobachtet alle meine Gesetze und Rechtsvorschriften und haltet sie ein, damit das Land, in das ich euch führen möchte, euch nicht wieder ausspeien wird.

Deshalb gilt: Lebt nicht so, wie die anderen Völker leben, schon gar nicht sollt ihr so leben, wie die Völker, die vor euch da waren, denn ihr Verhalten ging mir gegen den Strich. Und deshalb habe ich euch gesagt, dass ihr dieses Land in Besitz nehmen sollt, das Land, in dem Milch und Honig fließt, und ich, der Ewige, euer G'tt, habe euch dieses Land versprochen. Denn ich habe euch von den Völkern unterschieden. Und deshalb sollt auch ihr immer **unterscheiden**: zwischen reinen und nicht-reinen Tieren, zwischen reinen und nicht-reinen Vögeln. Ihr sollt mir heilig sein, so wie ich, der Ewige, euer G'tt, heilig bin. Und ich habe euch von den Völkern unterschieden, damit ihr mir gehört.«

* **Unterscheiden:** Am Ende dieser Parascha wird die Logik dieses Buches knapp zusammengefasst: Das Volk Jisrael wird durch G'tt von den anderen Völkern unterschieden, deshalb soll es sich selbst von ihnen unterscheiden und nicht so leben wie diese. Das gelingt unter anderem durch die vielen Unterscheidungen, die zu treffen sind: zwischen reinen und nicht-reinen Tieren, zwischen reinem und nicht-reinem Status usw. Dass dieses Sich-Unterscheiden heute oftmals – auch gegenüber dem Judentum – kritisch gesehen wird, liegt daran, dass wir heute gerne das allen Nationen Gemeinsame in den Vordergrund rücken: Nicht die nationalen, ethnischen oder religiösen Unterschiede sollen betont werden, sondern das Gemeinsame, wie sich dies beispielsweise in den Menschenrechten ausdrückt.

PARASCHAT EMOR – Sprich

Lev 21,1–24,23

Aus dieser Parascha wird, neben der üblichen Torah-Lesung, Lev 22,26–23,44, also aus dem Festtagskalender, sowohl zum zweiten Tag Pessach als auch an den ersten beiden Tagen zu Sukkot gelesen. Als Haftara kommt der Abschnitt Ez 44,15–31 zum Vortrag, in dem Jecheskel ebenfalls von Kohanim redet.

Einleitung

Wieder geht es in dieser Parascha um Gesetze, die einmal die Kohanim betreffen und einmal das Volk Jisrael. War für den einzelnen Jisraeliten schon festgelegt worden, wann er nicht zum Heiligtum gehen kann (nämlich wenn er nicht-rein ist), dann sind Regelungen zur Unreinheit für Kohanim, die sich ständig im und am Heiligtum aufhalten, noch viel wichtiger. Dabei gelten für den Hohepriester, den Kohen ha-Maschiach, wesentlich schärfere Regeln als für den normalen Kohen, da der Hohepriester die wichtigsten Aufgaben innehat. Auch darf nur er an Jom Kippur hinter den Vorhang im Zelt der Begegnung, also dorthin, wo der Kasten steht – was ein gewöhnlicher Kohen ja nicht darf.

Daneben widmet sich diese Parascha ausführlich den biblischen Festen und Gedenktagen: Pessach, Schavuot, Rosch ha-Schana, Jom Kippur und Sukkot, oftmals unter anderen als den bislang in der Torah verwendeten Bezeichnungen (vgl. die Auflistung in der Tabelle auf S. 128–129). Auch dabei geht es in erster Linie um das Volk, also jene, die die Feste feiern sollen, und dies in ganz bestimmter Art und Weise. Im Mittelpunkt dieses »Festkalenders« stehen also nicht die Opfergaben, die zu den entsprechenden Festen gebracht werden müssen (diese werden erst in Paraschat *Pinchas* im Buch *Bamidbar* behandelt), sondern vor allem Anweisungen, die den Einzelnen betreffen: dass man an Festtagen keiner Arbeit nachgehen darf, dass man sich versammeln soll, dass es unterschiedliche Rituale für die einzelnen Feste gibt; um das Fasten an Jom Kippur, das Wohnen in Hütten und den Feststrauß am Laubhüttenfest (Sukkot). Hier wird also eine Religion konstituiert, die nicht allein auf einem Heiligtum basiert, wie es bisher beschrieben worden ist, sondern auch auf Ritualen für die einzelnen Jisraeliten. In dieser Hinsicht setzen diese Ausführungen die vorherige Parascha fort, in der es um das »heilige Volk« ging. Eine solche Grundstruktur konnte sich im Judentum vor allem entfalten, nachdem der Tempel 70 n. u. Z. zerstört wurde und das Judentum plötzlich ohne sein Zentrum dastand. In dieser Zeit wurden all diese Elemente, die den Einzelnen betreffen und die auch in der Familie ihren Kern haben, höchst bedeutsam. Daran hat sich bis heute nichts geändert: Der Einzelne gestaltet zu Hause den Schabbat aus und baut eine Laubhütte – und schafft damit Elemente, die sich den Kindern schon früh einprägen und an die sie immer wieder gerne zurückdenken.

Körperliche Gebrechen bei Kohanim: In dieser Parascha werden auch Regelungen getroffen, nach denen Kohanim aufgrund körperlicher Gebrechen ihren Dienst nicht (mehr) aktiv ausüben dürfen, wenngleich sie von den Opferspeisen, die für die Kohanim vorgesehen sind, essen dürfen. Diese Kategorie gilt ausschließlich für die Kohanim. Jisraeliten, die ein körperliches Gebrechen haben (außer den erwähnten nicht-rein machenden Haut- und Geschlechtskrankheiten), dürfen zum Heiligtum gehen, um ihre Opfergaben zu bringen. Da es heute für uns selbstverständlich ist, niemanden zu diskriminieren, befremdet uns dieser Gedanke, dass jemand wegen seiner körperlichen Gebrechen zurückgesetzt wird. Um diesen Gedanken zu verstehen, muss man berücksichtigen, dass es in den Bestimmungen zu den Priestern wie überhaupt bezüglich des Heiligtums um die Sicherstellung des Heiligen gegenüber dem Profanen geht. Dieser Differenzierung ist alles untergeordnet. Und so, wie die zu opfernden Tiere makellos sein müssen, so gilt dies auch für die Priester. Manche modernen Ausleger haben diese Vorschrift auch dahingehend verstanden, dass die Torah ausschließen wollte, dass junge und gesunde Kohanim einer »richtigen« Arbeit nachgehen, und lediglich jene am Heiligtum Dienst tun, die andere Arbeiten nicht machen könnten. Dass ein Kohen den notwendigen Dienst in seiner Genauigkeit nur in vollkommener körperlicher Unversehrtheit auszuüben hat, ist also nicht als Diskriminierung zu verstehen. Es ist lediglich eine Festlegung darüber, welche Tauglichkeit man für diesen Dienst haben muss, so, wie bei den Unreinheiten festgestellt worden ist, wer zum Heiligtum treten darf und wer nicht. Das entspricht in etwa der Tauglichkeitseignung bei einem Piloten, der auch nicht blind sein darf.

Wie der Kohen rein bleiben kann

21,1–4

וַיֹּאמֶר ה' אֶל מֹשֶׁה אֱמֹר אֶל הַכֹּהֲנִים בְּנֵי אַהֲרֹן
וְאָמַרְתָּ אֲלֵהֶם לְנֶפֶשׁ לֹא יִטַּמָּא בְּעַמָּיו׃
כִּי אִם לִשְׁאֵרוֹ הַקָּרֹב אֵלָיו
לְאִמּוֹ וּלְאָבִיו וְלִבְנוֹ וּלְבִתּוֹ וּלְאָחִיו׃
וְלַאֲחֹתוֹ הַבְּתוּלָה הַקְּרוֹבָה אֵלָיו אֲשֶׁר לֹא הָיְתָה לְאִישׁ לָהּ יִטַּמָּא׃
לֹא יִטַּמָּא בַּעַל בְּעַמָּיו לְהֵחַלּוֹ׃

Und dann sagte der Ewige zu Mosche weiter: »Die Kohanim sollen ganz besonders darauf aufpassen, dass sie rein bleiben. Denn sie tun ihren Dienst am Heiligtum, und da darf nichts Nicht-Reines sein.

Und dann musst du den Kohanim sagen, wodurch sie nicht-rein werden könnten. Zum Beispiel könnten sie sich an einer Leiche verunreinigen. Also sollen sie Leichen nicht berühren oder gar in deren Nähe kommen. Denn jede Leiche macht den Kohen nicht-rein. Es gibt nur ein paar wenige Ausnahmen: die Leiche eines **nahen Verwandten**, also der Mutter, des Vaters, des Sohnes, der Tochter, des Bruders oder der Schwester, sofern Letztere noch zu Hause gelebt hat. An diesen Leichen darf er sich verunreinigen, das ist erlaubt.

Dann sollen die Kohanim weiter darauf achten, sich wegen der **Trauer** keine Glatze zu scheren, auch den Bart sollen sie sich nicht rasieren, und die Haut dürfen sie nirgendwo einritzen. Sie sollen für ihren G'tt heilig sein, und sie sollen den Namen G'ttes nicht entwürdigen. Denn sie sind es, die die Opfergaben bringen, deshalb müssen sie für diese Aufgabe als heilig gelten.

* **Nahe Verwandte:** Dass nahe Verwandte von dem Verunreinigungsverbot für Kohanim ausgeschlossen werden, ist sehr pragmatisch gedacht, denn sie leben in unmittelbarer Umgebung und können durch ihren Tod den Kohen unmittelbar treffen. Außerdem müssen sie beerdigt werden, und in der Torah wird es bereits als selbstverständliche Pflicht vorausgesetzt, einem nahen Verwandten das letzte Geleit zu geben.

* **Trauer:** Hier werden Trauerriten angesprochen, die offensichtlich zur damaligen Zeit andernorts üblich waren: Glatze, Glattrasieren, Haut einritzen. Diese Anordnungen wirken bis heute nach, da wir in der Trauerzeit eben auch den Bart wachsen lassen und das Tätowieren grundsätzlich verboten ist.

Für einen Kohen gehört es sich auch, dass er bei einer Frau, die er **heiraten möchte**, sehr genau hinschauen muss. Zum Beispiel darf er keine Frau heiraten, die schon einmal verheiratet war. Auch darf er keine Frau heiraten, die es zuvor mit Männern nicht allzu genau nahm und vielleicht sogar gegen Geld mit ihnen zusammen war. Er soll seinem G'tt als heilig gelten. Und du selbst sollst darauf achten, dass er heilig ist, denn er opfert für euch vor dem Ewigen, deshalb soll er für dich auch heilig sein, weil ich, der Ewige, heilig bin – ich, der ich euch heilige!

Dass der Kohen heilig sein soll, ist so wichtig, dass sogar eine Tochter eines Kohen, die sich unziemlich verhält, ihren eigenen Vater entwürdigt. Deshalb soll sie hart bestraft werden.

* **Die ehelichen Einschränkungen:** So, wie der Kohen selbst restriktiven Vorschriften unterworfen ist, die genau bestimmen, wie er zu leben hat, so gelten auch für seine Ehe entsprechende Restriktionen. Schließlich lebt die Frau eines Kohen ebenfalls in unmittelbarer Nähe zum Heiligtum und darf bei bestimmten Opfergaben von ihnen essen. Unter diesem Aspekt spielt auch das eheliche bzw. geschlechtliche »Vorleben« der Frau eines Kohen eine Rolle.

Wie der Kohen Gadol rein bleiben kann

21,10

Der höchste Kohen unter euch, der gesalbt worden ist, und der die besonderen Gewänder trägt, der muss noch schärfer darauf achten, dass er rein bleibt und sich auch sonst ordentlich verhält.

So soll dieser höchste Kohen nie sein Haar wild wachsen lassen und seine Kleider nicht zerreißen, wenn er trauert. Er darf keine Leiche berühren oder in deren Nähe kommen, nicht einmal die Leiche seines Vaters oder seiner Mutter darf er berühren. Dieser Kohen darf das Heiligtum nie wegen einer Beerdigung verlassen. Auf diese Weise kann er das Heiligtum G'ttes nicht entwürdigen. Denn immerhin liegt die Weihe seines G'ttes, das Salböl, auf ihm. Ich bin der Ewige!

Und er darf auch nur eine Frau, die noch nie mit einem Mann geschlechtlichen Umgang hatte, heiraten, also weder eine Geschiedene noch eine Witwe noch eine, die gegen Geld mit anderen Männern Umgang pflegte. Darauf soll er genau achten, denn er muss auch an seine Kinder denken: Wenn sie nämlich eine Mutter hätten, die dem höchsten Kohen nicht erlaubt ist, dürften sie nicht am Heiligtum Dienst tun; er hätte sie entwürdigt. Denn ich, der Ewige, bin es, der ihn heiligt.«

Wer als Kohen nicht dienen darf

21,16

»Und dann musst du Aharon noch ein Weiteres erklären: Wer Kohen ist und auch als Kohen am Heiligtum dienen will, der muss gesund sein. Wenn also einer von den Kohanim einen **körperlichen Fehler** oder ein Gebrechen hat – dass er zum Beispiel blind ist oder taub oder lahm –, dann darf er nicht hintreten und das Opfer bringen. Das gilt auch für einen Kohen, der zum Beispiel die Hände oder den Fuß gebrochen hat, oder für den, der einfach zu klein ist. Die Feueropfer und die Opfergaben kann er nicht darbringen. Aber er darf natürlich hingehen und von den Speisen, die die Kohanim essen dürfen, essen. Aber zum Vorhang und zum Altar darf er nicht hintreten. Denn er hat ein Gebrechen, und dieser Kohen darf die heiligen Gaben nicht entwürdigen. Denn ich, der Ewige, bin es, der sie heiligt.«

Und das alles sagte Mosche zu Aharon und seinen Söhnen und auch zu allen Kindern Jisraels.

22,1

Dann sagte der Ewige weiter zu Mosche: »Erkläre Aharon und seinen Söhnen auch das Folgende: Sie sollen sich sehr in Acht nehmen, wenn sie die Opfergaben der Jisraeliten auf den Altar bringen. Damit sie meinen heiligen Namen nicht entwürdigen, sollen sie sehr genau darauf achten, dass sie auch rein sind. Wer wissentlich dennoch **nicht-rein** herantritt, der soll ausgetilgt werden. Ich bin der Ewige.

Also: Alle die Kohanim, die aussätzig sind oder eine Leiche oder ein nicht-reines Tier berührt haben, dürfen ebenfalls keine Opfergaben an den Altar bringen. Ein nicht-reiner Kohen kann die Opfergaben nicht bringen, und er kann von den heiligen Speisen nicht essen. Aber sobald die Sonne untergegangen ist und er sich in

* **Körperlicher Schaden:** Es werden insgesamt zwölf körperliche Schäden (*mum*) aufgelistet, die wir teilweise heute nicht mehr verstehen (wie zum Beispiel eine »gespaltene Nase«, vielleicht eine Hasenscharte). Manche Gebrechen scheinen einen dauerhaften Ausschluss vom Opferdienst nahezulegen, andere (wie Brüche) schließen den Kohen nur zeitweise aus; ist das Gebrechen geheilt, darf er wieder aktiv am Opferdienst teilnehmen (Raschi). Dass Schwachheit und Gehbehinderung den Dienst erschweren, ist unmittelbar einsichtig. Vielleicht geht es auch darum, ältere Kohanim vor dem offiziellen Ausscheiden aus dem Dienst zu schonen, so wie im Buch *Bamidbar*, (S. 24 f.), die Lewijim ihren Dienst nur bis zu ihrem fünfzigsten Lebensjahr verrichten dürfen.

* **Nicht-Rein:** Ist es für den gewöhnlichen Jisraeliten selbstverständlich, nicht zum Heiligtum zu gehen, wenn er einmal nicht-rein ist, so gilt dies umso mehr für den Kohen. Er darf weder die Opfergaben an den Altar bringen noch von den heiligen Fleischanteilen oder Speiseopfern essen, wenn er selbst nicht-rein ist. Obgleich oftmals nur auf einen kurzen Zeitraum beschränkt, ist Unreinheit der stärkste Hinderungsgrund für den Dienst am Heiligtum, der die meisten Einschränkungen nach sich zieht.

Wasser gebadet hat, ist er wieder rein, und er kann von den heiligen Speisen wieder essen. Schließlich ist das seine Ernährung.

Auch soll der Kohen darauf achten, dass er nie Fleisch von einem gerissenen oder verendeten Tier isst, also von einem Tier, das nicht eigens geschächtet worden ist. Er würde dadurch nicht-rein werden.

Ich bin der Ewige. Sie sollen auf meine Vorschriften genau achtgeben und sich nie etwas zuschulden kommen lassen.

Was jemand beachten muss, der kein Kohen ist

22,10

Von den heiligen Speisen, die einem Kohen vorbehalten sind, darf niemand essen, der kein Kohen ist. Kein Jisraelit, der kein Kohen ist, darf von den heiligen Speisen essen. Nur die Kohanim selbst dürfen davon essen und die, die in dem Haushalt des Kohen leben. Also darf zum Beispiel die **Tochter des Kohen** nur solange von den heiligen Speisen essen, solange sie im Haushalt ihres Vaters lebt. Hat sie einen Nicht-Kohen geheiratet, darf sie nicht mehr davon essen. Ist sie aber von dem Nicht-Kohen wieder geschieden oder ist verwitwet und lebt wieder im väterlichen Haushalt, dann darf sie von den heiligen Speisen essen.

Nun kann es aber trotzdem passieren, dass jemand, der von den heiligen Speisen nicht essen darf, versehentlich davon gegessen hat. Dann erstattet er dem Kohen einfach den Teil, den er gegessen hat und fügt noch etwas dazu. Denn ihr sollt daran denken, dass das, was die Kinder Jisraels den Kohanim als Abgabe geben, nicht entwürdigt werden darf. Jeder würde schwere Schuld auf sich laden, wenn er die heiligen Speisen verzehren würde, die ihm gar nicht zustehen. Denn ich, der Ewige, bin es, der sie heiligt.«

* **Die Tochter des Kohen:** Da Frauen in der antiken Gesellschaft grundsätzlich den Status annehmen, den das männliche Oberhaupt innehat, darf eine Tochter nur solange von den heiligen Speisen essen, wie sie einem Kohen-Haushalt zugerechnet werden kann: als Tochter eines Kohen oder als Frau eines Kohen. Sobald die Tochter eines Kohen einen Nicht-Kohen heiratet, gilt dessen Status, und die Tochter fällt unter das für alle Jisraeliten geltende Verbot, von den heiligen Speisen zu essen.

Welche Opfertiere gebracht werden dürfen

22,17
Und der Ewige sagte weiter zu Mosche: »Sprich zu Aharon, seinen Söhnen und allen Kindern Jisraels und erkläre ihnen: Wenn einer aus dem Haus Jisraels dem Ewigen eine freiwillige Opfergabe bringen möchte, egal aus welchem Grund, dann soll er auf Folgendes achten: Es muss ein männliches Rind oder Schaf oder ein Ziegenbock sein. Es darf **keine Fehler an seinem Körper** aufweisen. Kommt einer auf die Idee, ein Tier opfern zu lassen, das irgendwo einen Fehler hat, dann hat er die Opfergabe umsonst gebracht, ich werde sie auch nicht annehmen. Deshalb tut solche Dinge nicht!«

* **Makellose Opfergabe:** Tiere, die einen äußerlich sichtbaren Schaden (*mum*) haben, dürfen nicht als Opfergaben gebracht werden. Auch hier werden zwölf Schäden genannt, die den zuvor erwähnten Gebrechen bei den Kohanim sehr ähnlich sind. Wichtig ist, dass alle dafür verantwortlich sind, dass nur fehlerfreie Tiere den Weg ins Heiligtum finden.

* **Das Jungtier:** Die Vorschrift, nach der ein Opfertier mindestens acht Tage alt sein muss, um geschächtet werden zu können, wird gerne als Tierschutzmaßnahme deklariert. Aber um die Psyche der Opfertiere geht es der Torah nicht. Es hat wohl eher damit zu tun, dass bei den Muttertieren erst nach diesen ersten Tagen die reguläre Milchproduktion einsetzt.

Torah-Lesung zum zweiten Tag Pessach und zu den beiden ersten Tagen Sukkot

Dann sagte der Ewige weiter zu Mosche: »Ein **Jungtier** von einem Rind, einem Schaf oder einer Ziege muss sieben Tage nach seiner Geburt bei der Mutter bleiben. Erst ab dem achten Tag könnt ihr es auch als Opfertier zum Heiligtum bringen. Aber denkt daran: Ein Jungtier dürft ihr nicht zusammen mit seiner Mutter an einem Tag schächten.

Und dann noch etwas: Wenn ihr eine Opfergabe zum Dank für irgendetwas bringt, dann sollt ihr davon noch am selben Tag essen. Lasst nichts bis zum nächsten Morgen übrig. Ich bin der Ewige. Achtet auf meine Gebote und haltet sie ein. Ich bin der Ewige. Entwürdigt nicht meinen Namen, denn ich will unter den Kindern Jisraels geheiligt werden. Ich bin der Ewige, der euch heiligt. Ich habe euch aus Mizrajim gebracht, um euer G'tt zu sein. Ich bin der Ewige.«

Welche Festtage gefeiert werden sollen

23,1

Nach diesen Anweisungen für Aharon sagte der Ewige weiter zu Mosche: »Und nun sprich zu den Kindern Jisraels und erkläre ihnen, welche **Feste des Ewigen** sie feiern sollen.

23,3

שֵׁשֶׁת יָמִים תֵּעָשֶׂה מְלָאכָה
וּבַיּוֹם הַשְּׁבִיעִי שַׁבַּת שַׁבָּתוֹן מִקְרָא קֹדֶשׁ כָּל מְלָאכָה לֹא תַעֲשׂוּ
שַׁבָּת הִוא לַה' בְּכֹל מוֹשְׁבֹתֵיכֶם:

Sechs Tage darfst du in der Woche arbeiten und deinen Geschäften nachgehen. Aber am siebten Tag ist Schabbat in vollkommener Ruhe, da sollt ihr euch versammeln und keinerlei Arbeit nachgehen. Überall, wo ihr wohnt, sollt ihr den Schabbat feiern.

Aber neben dem Schabbat gibt es noch andere Feiertage, an denen ihr eine **heilige Versammlung** abhalten sollt:

23,5–8

בַּחֹדֶשׁ הָרִאשׁוֹן בְּאַרְבָּעָה עָשָׂר לַחֹדֶשׁ בֵּין הָעַרְבָּיִם
פֶּסַח לַה':
וּבַחֲמִשָּׁה עָשָׂר יוֹם לַחֹדֶשׁ הַזֶּה חַג הַמַּצּוֹת לַה'
שִׁבְעַת יָמִים מַצּוֹת תֹּאכֵלוּ:
בַּיּוֹם הָרִאשׁוֹן מִקְרָא קֹדֶשׁ יִהְיֶה לָכֶם
כָּל מְלֶאכֶת עֲבֹדָה לֹא תַעֲשׂוּ:
וְהִקְרַבְתֶּם אִשֶּׁה לַה' שִׁבְעַת יָמִים
בַּיּוֹם הַשְּׁבִיעִי מִקְרָא קֹדֶשׁ
כָּל מְלֶאכֶת עֲבֹדָה לֹא תַעֲשׂוּ:

Im ersten Monat, also im Nisan, und zwar am 14. gegen Abend, da ist Pessach für den Ewigen. Und am Fünfzehnten beginnt das Fest der Mazzot. An diesem ersten Tag dieses Festes sollt ihr eine heilige Versammlung halten, auch dürft ihr keine Arbeit verrichten. Dann sollt ihr sieben Tage Mazzot essen. Und

* **Der Festtagskalender:** An verschiedenen Stellen der Torah werden die Feste für die Jisraeliten abgehandelt. Prominente und entsprechend in der Liturgie verwendete Stellen sind vor allem die hier gegebene Auflistung der Feste sowie der Festtagskalender im vierten Buch *Bamidbar* in Paraschat *Pinchas* (Num 28,1–29,39). Die Festtagskalender behandeln dabei entweder die Opfergaben, die an den Festtagen gebracht werden müssen, oder – wie an dieser Stelle – die Rituale für den Einzelnen. In diesem Abschnitt werden die Feste auch erstmals kalendarisch exakt festgelegt.

* **Die Festzeit *(moed)*:** An Schabbat und an allen Feiertagen gilt, dass an ihnen eine sogenannte heilige Versammlung *(mikra kodesch)* ausgerufen bzw. einberufen wird. Das weist bereits darauf hin, dass ein Festtag nicht nur dadurch begangen wird, dass der Kohen die vorgeschriebenen Opfergaben im Heiligtum bringt, sondern dass alle Jisraeliten ihn mitgestalten. Wichtig ist, dass in der Torah die Versammlung und das Werkverbot zusammengebracht werden: An den Tagen, an denen zur heiligen Versammlung gerufen wird, darf kein Dienstgeschäft, keine »Arbeit« *(melacha)* verrichtet werden. Dieses Werkverbot wurde im Laufe der Zeit immer detaillierter ausgearbeitet und hat auch im heutigen traditionellen Judentum volle Gültigkeit.

sieben Tage sollt ihr dem Ewigen Opfergaben bringen. Dann sollt ihr am siebten Tag wieder eine heilige Versammlung abhalten, und an diesem Tag sollt ihr ebenfalls keine Arbeit verrichten.«

Dann sagte der Ewige weiter zu Mosche: »Und sag den Kindern Jisraels: Wenn ihr in das Land kommt, das ich euch geben werde, und es ist Erntezeit, dann sollt ihr den Erstschnitt der Ernte zum Kohen bringen. Und der Kohen soll diesen Erstschnitt vor dem Ewigen schwingen. Bereits nach dem ersten Tag Pessach sollt ihr damit beginnen. Aber ihr müsst auch, neben dem Erstschnitt, Opfergaben zum Heiligtum bringen: ein einjähriges Schaf, das keine Fehler oder Gebrechen hat, sollt ihr als eine Opfergabe, die ganz verbrannt wird, bringen, und Mehl vermengt mit Öl sollt ihr als eine Opfergabe zur Speise bringen, dazu noch als Gussopfergabe etwas Wein.

Die Ähren dürft ihr erst zu Speisen verarbeiten, wenn ihr diese Opfergabe gebracht habt. Das soll immer für euch gelten.

23,15

וּסְפַרְתֶּם לָכֶם מִמָּחֳרַת הַשַּׁבָּת מִיּוֹם הֲבִיאֲכֶם
אֶת עֹמֶר הַתְּנוּפָה שֶׁבַע שַׁבָּתוֹת תְּמִימֹת תִּהְיֶינָה:

Und dann sollt ihr nach diesem ersten Tag des Erstschnitts sieben volle Wochen zählen. Das sind also bis nach dem letzten Tag dieser **sieben Wochen** insgesamt fünfzig Tage.

* **Sieben Wochen:** Diese sogenannte »Omer-Zeit«, die Zeit des Erstschnitts, verbindet das Pessach- mit dem Schavuot-Fest. Auch heute noch wird in dieser Zeit jeder Tag gezählt.

Und an diesem Tag nach den sieben Wochen, also am fünfzigsten Tag, da sollt ihr hingehen und zwei gesäuerte Brote als Erstlingsgaben für den Ewigen bringen. Diese Brote sollt ihr schwingen lassen. Und neben dieser Opfergabe sollt ihr sieben einjährige Schafe ohne jeden Fehler und dazu noch einen Stier und zwei Widder bringen, diese sollen eine Opfergabe sein, die ganz verbrannt wird. Dazu sollt ihr noch einen Ziegenbock als eine Opfergabe zur Reinigung bringen.

Und der Kohen soll mit den Broten und mit zwei Schafen eine Schwingung machen. Diese Gaben sollen dem Ewigen heilig sein und dem Kohen gehören.

ראש השנה
יום כיפור
שבועות
שבת
סוכות
פסח

23,21

וּקְרָאתֶם בְּעֶצֶם הַיּוֹם הַזֶּה מִקְרָא קֹדֶשׁ יִהְיֶה לָכֶם
כָּל מְלֶאכֶת עֲבֹדָה לֹא תַעֲשׂוּ
חֻקַּת עוֹלָם בְּכָל מוֹשְׁבֹתֵיכֶם לְדֹרֹתֵיכֶם:

* **Dieser Tag** ist das heutige Schavuot-Fest.

Und das ist auch **der Tag**, an dem ihr wieder eine heilige Versammlung ausrufen sollt und auch keine Arbeit verrichten dürft. Das soll euch für immer und überall gelten.

Und wenn ihr die Ernte einbringt, dann denkt stets daran, dass ihr nicht alles aberntet. Lasst an den Ecken der Felder etwas stehen, haltet auch keine Nachlese. Denn das, was auf dem Feld übrig bleibt, gehört den Armen und den Fremden. Ich bin der Ewige, euer G'tt.«

23,24–25

דַּבֵּר אֶל בְּנֵי יִשְׂרָאֵל לֵאמֹר
בַּחֹדֶשׁ הַשְּׁבִיעִי בְּאֶחָד לַחֹדֶשׁ יִהְיֶה לָכֶם שַׁבָּתוֹן
זִכְרוֹן תְּרוּעָה מִקְרָא קֹדֶשׁ:
כָּל מְלֶאכֶת עֲבֹדָה לֹא תַעֲשׂוּ
וְהִקְרַבְתֶּם אִשֶּׁה לַה':

* **Erster Tag, siebter Monat:** Damit ist das heutige Rosch haSchana, das Neujahrsfest, gemeint.

* **Das Schofarblasen** wird hier als »Signalblasen« (*truah*) eingeführt. Es ist ein Signalton auf einem Tierhorn (zumeist einem Widderhorn, *schofar*). Heute kennen wir drei Arten von Schofartönen: *Truah* (ein lang anhaltender Ton), *Tekia* (kurze Stoßtöne) und *Schvarim* (drei gebrochene Töne).

Und dann sagte der Ewige zu Mosche: »Am **ersten Tag im siebten Monat**, im Monat Tischri also, sollt ihr einen Schabbat der Erinnerung und des **Schofarblasens** feiern. Ihr sollt euch versammeln, keiner Arbeit nachgehen und dem Ewigen eine Feueropfergabe bringen.«

23,26–28

וַיְדַבֵּר ה' אֶל מֹשֶׁה לֵּאמֹר:
אַךְ בֶּעָשׂוֹר לַחֹדֶשׁ הַשְּׁבִיעִי הַזֶּה יוֹם הַכִּפֻּרִים הוּא
מִקְרָא קֹדֶשׁ יִהְיֶה לָכֶם וְעִנִּיתֶם אֶת נַפְשֹׁתֵיכֶם
וְהִקְרַבְתֶּם אִשֶּׁה לַה':
וְכָל מְלָאכָה לֹא תַעֲשׂוּ בְּעֶצֶם הַיּוֹם הַזֶּה
כִּי יוֹם כִּפֻּרִים הוּא לְכַפֵּר עֲלֵיכֶם
לִפְנֵי ה' אֱלֹהֵיכֶם:

Und dann sagte der Ewige zu Mosche: »Aber am zehnten Tag des siebten Monats, im Tischri also, ist Jom Kippur, der Versöhnungstag. An ihm sollt ihr eine heilige Versammlung abhalten, ihr sollt **fasten und euch von allem enthalten**, was ihr sonst gerne habt, und dem Ewigen eine Feueropfergabe bringen. Auch dürft ihr an diesem Tag keinerlei Arbeit nachgehen. Denn dieser Tag ist der Jom Kippur, an diesem Tag könnt ihr wieder mit dem Ewigen ins Reine kommen.

Und deshalb gilt: Jeder, der an diesem Tag nicht fastet und sich nicht allem Angenehmen enthält, der soll aus dem Volk getilgt werden. Und auch wer an diesem Tag irgendeine Arbeit verrichtet, den werde ich aus dem Volk tilgen. Der Versöhnungstag ist ein Schabbat in vollkommener Ruhe, an ihm sollt ihr fasten und euch auch sonst enthalten.«

* **Fasten und enthalten:** Die Rabbinen haben diese persönliche »Enthaltung« folgendermaßen definiert: Fasten, nicht waschen, nicht eincremen oder schminken, keine ledernen Schuhe tragen, kein Geschlechtsverkehr.

23,33–36

וַיְדַבֵּר ה' אֶל מֹשֶׁה לֵּאמֹר:
דַּבֵּר אֶל בְּנֵי יִשְׂרָאֵל לֵאמֹר
בַּחֲמִשָּׁה עָשָׂר יוֹם לַחֹדֶשׁ הַשְּׁבִיעִי הַזֶּה
חַג הַסֻּכּוֹת שִׁבְעַת יָמִים לַה':
בַּיּוֹם הָרִאשׁוֹן מִקְרָא קֹדֶשׁ כָּל מְלֶאכֶת עֲבֹדָה לֹא תַעֲשׂוּ:
שִׁבְעַת יָמִים תַּקְרִיבוּ אִשֶּׁה לַה'
בַּיּוֹם הַשְּׁמִינִי מִקְרָא קֹדֶשׁ יִהְיֶה לָכֶם
וְהִקְרַבְתֶּם אִשֶּׁה לַה' עֲצֶרֶת הוּא כָּל מְלֶאכֶת עֲבֹדָה לֹא תַעֲשׂוּ:

Und dann sagte der Ewige weiter zu Mosche: »In diesem siebten Monat Tischri ist am fünfzehnten Tag Sukkot, das **Fest der Hütten**, sieben Tage lang. Das ist die Zeit der Ernte. Und am ersten Tag dieses Festes sollt ihr eine heilige Versammlung abhalten, ihr dürft nichts arbeiten. Und während der ganzen sieben Tage sollt ihr Feueropfergaben für den Ewigen bringen. Und dann sollt ihr am achten Tag wieder eine heilige Versammlung abhalten, und auch an diesem Tag sollt ihr eine Feueropfergabe dem Ewigen bringen, es soll ein Tag der Azeret, des Abschlusses, sein, auch an diesem Tag dürft ihr nichts arbeiten.

* **Sukkot:** Wie auch das Pessach-Fest wird das Fest der Hütten sieben Tage im privaten Bereich gefeiert. Heute werden Pessach und Sukkot in Israel sieben Tage lang, außerhalb Israels einen Tag länger gefeiert, eine Tradition, die ursprünglich durch Unsicherheiten bei der Bestimmung des Monatsbeginns begründet war, heute aber im orthodoxen Judentum fester Bestandteil ist.

Das sind also die Feste, die ihr als heilige Versammlungen ausrufen sollt, um dem Ewigen Opfergaben zu bringen. Für jeden Tag die entsprechende Opfergabe und dann noch die normalen Opfergaben für Schabbat und die freiwilligen Opfergaben, die ihr bringen wollt.

23,40–42

וּלְקַחְתֶּם לָכֶם בַּיּוֹם הָרִאשׁוֹן
פְּרִי עֵץ הָדָר כַּפֹּת תְּמָרִים וַעֲנַף עֵץ עָבֹת וְעַרְבֵי נָחַל
וּשְׂמַחְתֶּם לִפְנֵי ה' אֱלֹהֵיכֶם שִׁבְעַת יָמִים:
וְחַגֹּתֶם אֹתוֹ חַג לַה' שִׁבְעַת יָמִים בַּשָּׁנָה
חֻקַּת עוֹלָם לְדֹרֹתֵיכֶם בַּחֹדֶשׁ הַשְּׁבִיעִי תָּחֹגּוּ אֹתוֹ:
בַּסֻּכֹּת תֵּשְׁבוּ שִׁבְעַת יָמִים
כָּל הָאֶזְרָח בְּיִשְׂרָאֵל יֵשְׁבוּ בַּסֻּכֹּת:

Und nur am Fest von Sukkot, am ersten Tag, da sollt ihr auch noch eine **prächtige Baumfrucht**, Zweige von der Palme, Zweige von dem dichtbelaubten Baum und von der Bachweide nehmen. Und dann sollt ihr vor dem Ewigen fröhlich sein, sieben Tage lang. Auch das soll für euch für immer und überall gelten. Sieben Tage sollst du in Hütten (*Sukkot*) wohnen, damit eure Kinder lernen können, dass ich euch habe in Hütten wohnen lassen, als ich euch aus Mizrajim gebracht habe. Ich bin der Ewige, euer G'tt.«

* **Prächtige Baumfrucht:** Hier wird der Feststrauß beschrieben, der bis heute am ersten Tag Sukkot geschüttelt wird. Er besteht aus einer Zitrusfrucht (*Etrog*), einem Palmzweig (*Lulav*), drei Myrtenzweigen (*Hadassa*) sowie zwei Bachweidenruten (*Arava*).

Und so verkündete Mosche alle Feste des Ewigen, die die Kinder Jisraels künftig feiern sollten.

Ende Torah-Lesung zum zweiten Tag Pessach und den beiden ersten Tagen Sukkot

Was für den Leuchter beachtet werden muss

24,1

Und dann sagte der Ewige zu Mosche: »Schärfe den Kindern Jisraels ein, dass sie nur reines Öl aus Oliven für den Leuchter herstellen sollen. Denn die Lampen sollen ständig angezündet werden können. Deshalb soll sie Aharon vom Abend bis zum Morgen stets herrichten. Das soll bei euch immer so gelten.«

Was für den goldenen Tisch beachtet werden muss

24,5

*»Und dann sollst du aus feinem Mehl insgesamt **zwölf Kuchen** backen. Diese Kuchen sollst du in zwei Schichten übereinander auf den goldenen Tisch vor den Ewigen legen. Und auf die Kuchen sollst du Weihrauch legen, der als Feueropfer gebracht wird, wenn am Schabbat wieder neue Kuchen aufgelegt werden.*

Und an jedem Schabbat sollst du die Kuchen erneut aufschichten. Das sollen die Gaben der Kinder Jisraels sein zum Zeichen für den ewigen Bund.

Und dieses Zeichen des Bundes gehört Aharon und seinen Söhnen; sie sollen es an heiliger Stätte essen.«

* **Die zwölf Kuchen** (im Deutschen meist Schaubrote genannt), die auf dem goldenen Tisch in sechs Schichten aufgestapelt werden sollen, repräsentieren das Volk mit seinen zwölf Stämmen im Heiligtum. So wie das Öl beim Leuchter täglich gewechselt wird, so werden diese Brote im wöchentlichen Rhythmus am Schabbat erneuert. Zusätzlich wird in Bechern Weihrauch auf die Kuchen gelegt, der dann beim Erneuern der Kuchen am Schabbat als Opfergabe verbrannt wird.

Die Entwürdigung des heiligen Namens und verschiedene Rechtsfälle

24,10

Es gab einmal jemanden, der der Sohn der Jisraelitin Schlomit und eines Mannes aus Mizrajim war. Der kam in das Lager der Jisraeliten. Dort geriet er mit einem anderen Jisraeliten aus irgendeinem Grund in Streit. Da geschah es, dass der Sohn der Jisraelitin während des Streits ordentlich fluchte und so den Namen des Ewigen entwürdigte. Er wurde sofort gepackt und zu Mosche gebracht. Da ging Mosche zum Ewigen, um zu fragen, was nun mit diesem Mann geschehen solle. Während Mosche im Zelt war, wurde der Mann, der geflucht hatte, festgehalten. Dann sagte der Ewige zu Mosche: »Führe den, der geflucht hat, vors Lager hinaus. Und draußen, vor dem Lager, sollen alle, die den Fluch gehört haben, die Hände auf seinen Kopf legen und anschließend soll die ganze Gemeinde den, der geflucht hat, steinigen. Den Kindern Jisraels aber erkläre: Wer den Namen seines G'ttes flucht, der handelt verkehrt, und er lädt eine schwere Schuld auf sich. Deshalb soll, wer den Namen G'ttes lästert, getötet werden, gesteinigt soll er werden, von der ganzen Gemeinde. Das gilt für einen von euch wie für Fremde.

Erschlägt irgendjemand einen anderen Menschen, groß oder klein, Mann oder Frau, so soll auch der getötet werden. Wer ein Tier erschlägt, der soll den Wert des Tieres ersetzen, Leben für Leben. Wenn irgendjemand einem anderen einen Schaden zugefügt hat, so soll man es ihm entsprechend abgelten: Augenwert für Auge, Zahnwert für Zahn. Wer ein Tier erschlägt, der soll es ersetzen, wer aber einen Menschen erschlägt, der soll getötet werden. Und dieses Recht, das für euch gilt, soll auch für denjenigen gelten, der bei euch als Fremder lebt. Denn ich bin der Ewige, euer G'tt.«

Und das alles sagte Mosche den Kindern Jisraels. Und danach führte man denjenigen, der geflucht hatte, vor das Lager hinaus und **steinigte ihn**. Und die Kinder Jisraels machten genau das, was ihnen der Ewige angeordnet hatte.

* **Steinigte ihn:** Diese äußerst harte Strafe, die hier für das Fluchen, die Entwürdigung des Namens G'ttes, genannt wird, können wir heute kaum nachvollziehen, da in unserem Rechtssystem die G'tteslästerung allenfalls zu einem Kavaliersdelikt degradiert worden ist. Gleichwohl gibt es auch heute noch regelmäßig Proteste aus christlichen Kreisen, wenn Künstler christlich-religiöse Symbole verunglimpfen oder sie mit sexuellen Deutungen in Verbindung bringen. Hier wurden durchaus schon Verbote gegen entsprechende Bühnen- oder Kunstwerke ausgesprochen. Dass der biblische Text eine möglichst harte Strafe für G'tteslästerung vorsieht, ist selbstverständlich, wenn man bedenkt, dass die Torah den Mittelpunkt des gesamten Lebens eines Volkes einzig in G'tt sieht. Darüber hinaus ist der Straftäter nur teilweise ein Jisraelit, sodass aus einer G'tteslästerung durchaus auch ein Götzendienst werden konnte, die Vorstellungswelt der Torah also gänzlich auf den Kopf gestellt würde.

PARASCHAT BEHAR SINAI – Auf dem Berg Sinai

Lev 25,1–26,2

Diese Parascha wird lediglich im wöchentlichen Zyklus der Torah-Lesung rezitiert und hat keinen weiteren Niederschlag in der Liturgie gefunden.

Als Haftara wird Jer 32,6–27 gelesen. Damit kommt der Grundstückskauf in Anatot zur Sprache, der mit dem hier erwähnten Rückkaufsrecht in Beziehung gebracht wird.

Einleitung

Die letzten beiden Paraschijot des Buches *Wajikra* ändern im Verhältnis zu den vorangegangenen etwas die Blickrichtung: Die Kohanim, die Priester des Heiligtums, treten nun ganz in den Hintergrund, und das Land selbst wird thematisiert. Das ist neu. Denn bislang war der Blick ganz auf die Jetztzeit (die Wüstenzeit) gerichtet. Nun ist die Zukunft Gegenstand der Betrachtung, eine Zukunft, die beinhaltet, dass das Volk Jisrael einmal im Land Knaan (im Land Jisrael) leben wird. Beide wichtigen Gebote dieser Parascha (zum Schabbat- und Joveljahr) beziehen sich vornehmlich auf das Land. Das Schabbatjahr wird als »Schabbat für das Land« erklärt, im Joveljahr fällt alles Land wieder an seinen Ursprungseigentümer zurück. Dem Volk wurde immer wieder das Land als Erbbesitz von G'tt versprochen, der gesamte Auszug aus Mizrajim und die Wanderung durch die Wüste sind auf diese Gabe hin ausgerichtet. Ja, man könnte sogar sagen, dass der gesamte erzählerische Bogen von der Josefsgeschichte bis zum Ende der Torah auf die Gabe des Landes hin orientiert ist und alles in diesen Rahmen gehört.

Eben deshalb formuliert die Torah mit den beiden Geboten des Schabbat- und Joveljahres jedoch eine äußerst wichtige Einschränkung: Auch wenn das Land von G'tt versprochen wurde und die Jisraeliten das Land einmal in Besitz nehmen werden, so ist es trotzdem keine freie Verfügungsmasse. Die Jisraeliten können mit dem Land und mit den Menschen, die dort wohnen, nicht einfach tun, was sie wollen. Denn das Land gehört nicht ihnen, sondern verbleibt im Eigentum G'ttes. G'tt hat es ihnen sozusagen nur geliehen. Der schon nicht mehr ganz so neue Spruch der Ökologiebewegung, dass wir uns »die Erde von unseren Kindern nur geborgt« haben, hat von seiner Ausrichtung her hier seinen Ursprung. Entsprechend sind gerade diese Gebote zum Schabbat- und Joveljahr mit wichtigen sozialen Aspekten verknüpft. Das Wissen darum, dass das Land eigentlich G'ttes Land ist, verpflichtet noch sehr viel mehr zur sozialen Ausrichtung als ein abstrakter Satz wie »Eigentum verpflichtet«. Man kann deshalb wohl auch sagen: Nur weil das Land nicht zur vollkommen freien Verfügung der Jisraeliten steht, können sie so frei sein, an ihre Mitmenschen, die verarmt sind, zu denken.

Das Schabbatjahr (auch Schmitta genannt): Die Bestimmungen zum Schabbatjahr in dieser Parascha beziehen sich ausschließlich auf das Brachliegenlassen landwirtschaftlicher Flächen (*schmittat karka*). Es soll nicht gesät, nicht beschnitten oder geerntet werden. Zur Nahrung soll nur das dienen, was auf den Feldern und auf den Bäumen auch ohne menschliches Zutun wächst. In der Parascha *Reeh* des letzten Buches *Devarim* wird für das Schabbatjahr darüber hinaus auch der Erlass von Schulden angeordnet (*schmittat ksafim*, Buch *Devarim*, S. 74). Die landwirtschaftliche Brache haben die Rabbinen ausschließlich für das Land Jisrael festgelegt. Dieser starke Eingriff in wirtschaftliches Handeln ist vor allem für die heutige Landwirtschaft in Israel eine große Herausforderung: Denn die halachischen Anordnungen gelten nach wie vor, wenn das Land in israelischem Besitz ist. Aber finanzielle Einbußen sind nahezu unvermeidlich, wenn diese Anordnungen strikt angewandt werden.

Joveljahr: Wie bereits im zweiten Buch *Schemot* (Paraschat *Mischpatim*, Seite 83 f.) bei den Regelungen der Knechtschaft beschrieben, geht es bei der Befreiung der Bevölkerung darum, dass all die Knechte, die sich an jemanden anderen verkaufen mussten, in diesem Joveljahr frei werden. Dabei spielt es keine Rolle, ob der Knecht schon mehrere Jahre seinen Dienst tat, oder erst seit Kurzem. Das Joveljahr bringt alle Jisraeliten zu dem Erbbesitz zurück, der ihnen einmal zuerkannt worden ist. Es gibt aber noch einen zweiten wichtigen Aspekt: Auch verkauftes Land fällt in diesem Jahr wieder an den Ursprungsbesitzer zurück. Der Kaufpreis, der beim Verkauf eines Grundstückes zu erzielen ist, hängt also davon ab, wie lange der Termin des nächsten Joveljahres noch aussteht. Damit ist der Kauf eines Feldes keine Übertragung von Eigentum, sondern lediglich eine Überlassung, ein Nutzungsrecht für eine festgelegte Zeit. Zu vergleichen ist dies mit der modernen Regelung der Erbbaupacht. Danach wird ein Grundstück ebenfalls einem Nutznießer für eine festgelegte Zeit und für einen festgelegten Pachtzins überlassen. Auch in dieser Regelung geht es nicht um Übergabe von Eigentum, sondern um die Überlassung. Das Besondere an der Regelung für das Joveljahr besteht nun darin, dass es nicht, wie die Erbbaupacht, eine Ausnahmeregelung ist, sondern der Normalfall. Nach der Vorstellung der Torah gibt es keine Eigentumsübertragung, da jedes Grundstück nur einen Ursprungseigentümer hat, an den es immer wieder zurückfällt.

Der Fremde: Die Torah geht in dieser Parascha von der realistischen Einschätzung aus, dass die Kinder Jisraels kein homogenes Volk sind. Sie spricht nämlich vom »Ger«, dem Fremden, und vom »Toschav«, dem nicht jisraelitischen Bewohner, die als Nachbarn neben den Jisraeliten leben konnten. Diese Gerim und Toschavim gehören zum Volk dazu, weshalb ausdrücklich betont wird, dass auch sie zu leben haben sollen, und dass ihnen bei Verarmung ebensolche Hilfe zu gewähren ist wie den Jisraeliten selbst. Dennoch bleibt der Unterschied zu den Jisraeliten insofern bestehen, als sie, wenn sie zu Knechten oder Mägden von Jisraeliten werden, nicht den besonderen Regelungen der jisraelitischen Knechte unterworfen sind: Für sie gilt also nicht, dass man sie »wie einen Bruder«, nicht wie einen Sklaven behandeln soll. Auch die generelle Befreiung der Knechte im Joveljahr trifft nicht auf sie zu. Diese Differenzierung scheint der modernen Auffassung von der Gleichheit der Menschen zu widersprechen. Doch dem ist entgegenzuhalten, dass diese Texte nicht von einer abstrakten Gleichheit sprechen, sondern von der Beziehung der Menschen untereinander. Diese ist in erster Linie – übrigens auch heute noch – von der nationalen Zugehörigkeit geprägt. Auch heute haben Staatsangehörige im Verhältnis zu Nichtstaatsangehörigen Privilegien und Vorrechte, die ihnen nur aufgrund der Staatsangehörigkeit zustehen (zum Beispiel die Möglichkeit, durch Wahlen den politischen Prozess eines Landes aktiv und passiv zu beeinflussen).

Das Schabbatjahr

25,1–4

וַיְדַבֵּר ה' אֶל מֹשֶׁה בְּהַר סִינַי לֵאמֹר:
דַּבֵּר אֶל בְּנֵי יִשְׂרָאֵל וְאָמַרְתָּ אֲלֵהֶם כִּי תָבֹאוּ אֶל הָאָרֶץ
אֲשֶׁר אֲנִי נֹתֵן לָכֶם וְשָׁבְתָה הָאָרֶץ שַׁבָּת לַה':
שֵׁשׁ שָׁנִים תִּזְרַע שָׂדֶךָ וְשֵׁשׁ שָׁנִים תִּזְמֹר כַּרְמֶךָ
וְאָסַפְתָּ אֶת תְּבוּאָתָהּ:
וּבַשָּׁנָה הַשְּׁבִיעִת שַׁבַּת שַׁבָּתוֹן יִהְיֶה לָאָרֶץ שַׁבָּת לַה'
שָׂדְךָ לֹא תִזְרָע וְכַרְמְךָ לֹא תִזְמֹר:

Dann sagte der Ewige zu Mosche auf dem Berg Sinai: »Sag den Kindern Jisraels Folgendes: Ihr seid ja noch in der Wüste. Aber wenn ihr später einmal in das Land kommt, das ich euch versprochen habe, dann sollt ihr darauf achten, dass auch das Land, in dem ihr dann leben werdet, einen Schabbat erhält. Deshalb darfst du sechs Jahre die Felder bestellen, säen, ernten und die Weinberge beschneiden. Aber das siebte Jahr soll für das Land ein Schabbat sein, ein Schabbat für den Ewigen. Dann darfst du dein Feld nicht bestellen, deinen Weinberg nicht beschneiden, auch das Gewachsene darfst du nicht abschneiden, die Trauben, die wachsen, nicht lesen. Denn das Land hat einen Schabbat. Das, was das Land während des Schabbatjahres hervorbringt, das soll euch allen zur Nahrung dienen. Es soll für dich sein, genauso wie für den Knecht, die Magd, den Feldarbeiter oder den Fremden. Auch das Vieh und das Wild sollen vom natürlichen Ertrag des Landes leben.

Das Joveljahr

25,8

Aber nicht nur das. Du sollst auch sieben solcher Schabbatjahre zählen, also siebenmal sieben Jahre, das sind neunundvierzig Jahre insgesamt. Dann sollt ihr im neuen Jahr, also im fünfzigsten Jahr, im ganzen Land an Jom Kippur den Schofar mit dem Schofar-Ton erschallen lassen. Dieses Jahr sollt ihr heilig halten. Und ihr sollt allen jisraelitischen Knechten, die sich verkauft haben, öffentlich die Freiheit schenken, damit sie sich wieder dort niederlassen können, wo sie herkommen. Denn dieses Jahr ist ein Jovel. Und in diesem Jahr soll jeder dorthin zurückkehren, wo er sein Land hatte. Aber auch in diesem Jahr dürft ihr nichts aussäen, und das Gewachsene dürft ihr nicht abschneiden oder die Weinstöcke lesen.

Und dann gilt auch, dass ihr ehrlich zueinander sein sollt, wenn ihr euch gegenseitig Felder verkauft. Denn ihr müsst das Joveljahr berücksichtigen, in dem die Felder, die ihr gekauft habt, wieder zum alten Eigentümer zurückkehren. Und deshalb sollt ihr so verkaufen, dass, wenn das Joveljahr noch lange hin ist, ihr einen höheren Kaufpreis dafür bekommt, wenn aber das Joveljahr kurz bevorsteht, dann könnt ihr nur noch einen kleinen Kaufpreis fordern. Denn der Käufer hat ja nur noch wenige Ernten, die er für sich einfahren kann. Da soll keiner von euch den anderen übers Ohr hauen. Im Joveljahr geht das Feld ja wieder zurück an den, von dem er es gekauft hat.

Grundsätzlich gilt also: Du sollst nicht deinen eigenen Vorteil durchsetzen, auch sollst du anderen keinen Rat geben, der nur dir selber nutzt. Du sollst Respekt vor deinem G'tt haben, denn ich bin der Ewige, euer G'tt.«

Was zum Land noch beachtet werden muss

25,18

»Ich sage euch eines: Befolgt die Gebote und Regeln, die ich euch eingeschärft habe. Wenn ihr euch an meine Anweisungen haltet, dann könnt ihr ohne Gefahr in diesem Land wohnen. Das Land wird euch dann Früchte bringen und euch satt machen. Denkt nicht, dass euch das Land im siebten Jahr nicht satt macht, nur weil ihr nicht säen und ernten dürft. Ich werde meinen Segen im sechsten Jahr bringen und der Ertrag soll dann so groß sein, dass ihr davon sogar drei Jahre leben könntet.

Denkt daran, dass ihr den Boden, auf dem ihr lebt, nicht für immer verkaufen könnt. Denn es ist mein Land, und ihr seid nur Fremdlinge in meinem Land.

Und weil das so ist, sollt ihr eurem Bruder das **Land**, das er vielleicht verkaufen musste, weil er verarmt ist, auslösen, damit es seines bleiben kann. Kann jemand sein Land nicht auslösen lassen, dann muss er solange warten, bis das Joveljahr kommt. Denn dann fällt sein Land wieder an ihn zurück.

Nur bei einem Haus ist es etwas anderes. Verkauft jemand sein Haus, das in einer Stadt steht, dann hat er ein Jahr lang Zeit, das Haus zurückzukaufen. Kauft er es bis dahin nicht zurück, dann bleibt das Haus im Besitz des Käufers, und zwar für immer. Auch im Joveljahr bekommt er es nicht zurück.

Nur Häuser, die nicht in einer fest ummauerten Stadt sind, werden so betrachtet, als wären sie Ackerland. Sie fallen also im Joveljahr an den ursprünglichen Besitzer zurück.

*Eine andere Sache ist es, wenn es sich um Häuser der Lewijim handelt, also wenn es um die **Städte der Lewijim** geht. Lewijim haben immer die Möglichkeit, ihre Häuser zurückzukaufen. Denn diese Städte sind der Besitz der Lewijim, sie haben ja nicht mehr als diese Städte. Auch ein Feld, das zu einer Stadt der Lewijim gehört, kann nie verkauft werden, es gehört ihnen für immer.*«

* **Land verkaufen:** Der Verkauf von Land ist nach der Torah grundsätzlich nur dann vorgesehen, wenn jemand verarmt ist und seinen Lebensunterhalt nicht bestreiten kann. Sobald er aber die finanziellen Möglichkeiten hat, sein ursprüngliches Land wieder zurückzukaufen, ist der Käufer verpflichtet, es ihm zurückzugeben. Kann er die finanziellen Mittel jedoch nicht aufbringen, fällt das Land an ihn erst wieder beim nächsten Joveljahr zurück.

* **Die Städte der Lewijim:** Bei der Verteilung des Landes im vierten Buch *Bamidbar* wird deutlich, dass der Stamm der Lewijim nicht berücksichtigt wird. Die Lewijim erhalten von dem Land deshalb nichts, da sie im besonderen Dienst für das Heiligtum stehen und dadurch eine Sonderrolle innerhalb der jisraelitischen Stämme spielen. Ihnen werden stattdessen einzelne Städte zuerkannt; die umliegenden Felder sind das einzige Eigentum der Lewijim und dürfen deshalb auch nicht verkauft werden. Im Buch *Wajikra* spielen die Lewijim noch keine herausgehobene Rolle, da sie erst im vierten Buch *Bamidbar,* Paraschat *Bamidbar* (S. 19 f.) genauer beschrieben werden. Die Kohanim sind innerhalb des Stammes der Lewijim die Nachfahren von Aharon.

Was man einem Mitmenschen schuldig ist

25,35–38

וְכִי יָמוּךְ אָחִיךָ וּמָטָה יָדוֹ עִמָּךְ
וְהֶחֱזַקְתָּ בּוֹ גֵּר וְתוֹשָׁב וָחַי עִמָּךְ:
אַל תִּקַּח מֵאִתּוֹ נֶשֶׁךְ וְתַרְבִּית וְיָרֵאתָ מֵאֱלֹהֶיךָ
וְחֵי אָחִיךָ עִמָּךְ:
אֶת כַּסְפְּךָ לֹא תִתֵּן לוֹ בְּנֶשֶׁךְ וּבְמַרְבִּית לֹא תִתֵּן אָכְלֶךָ:
אֲנִי ה' אֱלֹהֵיכֶם אֲשֶׁר הוֹצֵאתִי אֶתְכֶם מֵאֶרֶץ מִצְרָיִם
לָתֵת לָכֶם אֶת אֶרֶץ כְּנַעַן לִהְיוֹת לָכֶם לֵאלֹהִים:

»Du musst ganz besonders auf deinen Bruder, der verarmt ist und zu sinken droht, achten, egal, ob dein Bruder ein Jisraelit ist oder ein Fremder, der bei euch lebt. Streck deine Hand aus und halte ihn, damit er mit dir leben kann. Von ihm darfst du keine Zinsen oder Gebühren verlangen, wenn du ihm Geld gibst. Habe Respekt vor deinem G'tt, denn dein Bruder soll mit dir leben können. Ich bin der Ewige, euer G'tt, der euch aus Mizrajim heraufgeführt hat, um euch das Land Knaan zu geben und um euer G'tt zu sein.

Wenn dein Bruder verarmt und ihm nichts anderes übrig bleibt, als sich dir zu verkaufen, dann sollst du deinen Bruder nicht wie einen Knecht behandeln, sondern wie einen normalen Arbeiter. Und auch hier gilt: Nur bis zum Joveljahr soll er bei dir arbeiten, dann ist er frei. Im Joveljahr soll er mit seiner Familie von dir wegziehen und zu seinen Verwandten zurückkehren. Er soll dorthin zurückkehren, wo er seinen Besitz hatte. Denn streng besehen sind die Jisraeliten *meine* Diener, die ich aus Mizrajim gebracht habe. Daher darfst du sie nicht wie Knechte behandeln und ihnen erniedrigende Arbeit geben. Auch sollst du deshalb nicht gar zu streng über sie herrschen.«

Die Knechte aus den anderen Völkern

25,44

»Wenn du Knechte und Mägde für die Arbeit brauchst, dann kannst du sie dir ja von den ***anderen Völkern*** *holen und dir zum Besitz nehmen. Aber keiner der Kinder Jisraels soll über seinen Bruder herrschen.*

Auch von den Fremden, die bei euch wohnen, und von dessen Kindern kannst du dir Knechte kaufen. Die könnt ihr für immer bei euch behalten, auch könnt ihr sie an eure Kinder weitervererben.

Es gilt aber andersherum: Wenn ein Jisraelit sich einem Fremden, der bei euch wohnt, verkaufen muss, weil er verarmt ist, dann kann er von einem Verwandten freigekauft werden. Auch kann er sich, wenn er wieder zu Geld gekommen ist, selbst freikaufen. Achtet aber dabei auf Folgendes: Ist es noch lange hin bis zum nächsten Joveljahr, dann muss er entsprechend mehr zurückzahlen, als wenn nur noch kurze Zeit bis dahin ist. Kann sich der Jisraelit aber nicht freikaufen, dann muss er bis zum nächsten Joveljahr warten. Dann kommt er mitsamt seinen Kindern frei. Denn die Kinder Jisraels sind meine Knechte, ich habe sie aus dem Land Mizrajim herausgeführt. Ich bin der Ewige, euer G'tt.«

Der Knecht bei Fremden

26,1

»Wenn ihr bei einem Fremden, der bei euch wohnt, als **Knecht** dienen müsst, dann müsst ihr ganz besonders darauf achten, dass ihr euch keine Götterfiguren macht, weil euer Herr ein Götzendiener ist. Ihr sollt euch also keine Götterbilder oder steinerne **Götterskulpturen** machen, vor denen ihr euch niederwerfen könntet. Ich bin der Ewige, euer G'tt. Auch sollt ihr zu dieser Zeit ganz besonders auf meine Schabbate achten und sie halten und Respekt vor meinem Heiligtum haben, auch wenn euer Herr weder Schabbat hält noch mein Heiligtum achtet. Ich bin der Ewige.«

* **Knechte anderer Völker:** Die Torah unterscheidet zwischen jisraelitischen und nicht jisraelitischen Knechten und Mägden, wobei die nicht jisraelitischen Knechte und Mägde nicht so stark geschützt sind. Auch kommen sie in einem Joveljahr nicht frei. Das liegt darin begründet, dass der jisraelitische Knecht von seinem Besitzer die Möglichkeit erhalten hat, seinen Lebensunterhalt zu verdienen (sozialer Aspekt). Außerdem gilt das Land nur gegenüber dem Jisraeliten als eine besondere Größe. Dies kommt beim nicht jisraelitischen Knecht nicht infrage, er wird lediglich nach wirtschaftlichen Kriterien eingestellt.

* **Knecht bei Fremden:** Hier spricht die Torah eigentlich nur davon, dass man keine Götterskulpturen anbeten soll, den Schabbat und das Heiligtum achten soll. Weil dies aber schon an anderer Stelle aufgeführt worden ist, folgert Raschi, dass sich diese Verbote auf eine Situation beziehen, in der jemand Knecht bei einem Fremden ist. Dies ist ja auch das vorausgehende Thema.

* **Steinerne Götterskulpturen:** Das Verbot, sich vor Denksteinen niederzuwerfen, findet seinen Nachhall noch heute im Jom-Kippur-G'ttesdienst, vor allem in jenen Synagogen, die einen Steinfußboden haben. An jenen Stellen im Gebet, an denen sich der Vorbeter bis auf den Boden verbeugt, tut er dies, indem er sich einen Gebetsmantel (*Tallit*) darunterlegt.

PARASCHAT BECHUKOTAI – Mit meinen Gesetzen

Lev 26,3–27,34

Auch die letzte Parascha wird lediglich im Rahmen der wöchentlichen Torah-Lesung rezitiert und hat keinen weiteren Widerhall in der Liturgie gefunden.

Als Haftara wird zu dieser Parascha Jer 16,19–17,14, ein Drohwort des Propheten Jirmejahu, gelesen, in dem in Aussicht gestellt wird, dass den Jisraeliten der Erbteil und das Vermögen genommen wird, wenn sie sich nicht an die Gebote halten.

Einleitung

Auch die letzte Parascha des Buches *Wajikra* nimmt ganz besonders das Land in den Blick: Das Land wird reiche Früchte tragen, wenn die Bewohner des Landes die Gebote G'ttes einhalten. Und umgekehrt: Das Land wird verwüstet und die Bewohner werden aus dem Land geworfen, wenn sie sich nicht an die Gebote halten. Diese Segens- und Fluchworte werden oft in dem Sinne missverstanden, dass es dem Bösen schlecht geht, dem Guten aber gut. Das wäre jedoch zu einfach und entspricht selten der eigenen Beobachtung, wenngleich es wohl die Hoffnung des Naïven sein mag.

Erneut wird auch hier das Land mit dem Gebot verknüpft, das es unter einen Vorbehalt stellt. Denn das Land gehört nicht den Jisraeliten, sondern G'tt, weshalb sie mit dem Land eben nicht tun können, was sie wollen. Es wird ihnen nur zuteil, wenn sie sich G'tt zuteilwerden lassen, wenn sie sich also unter das Gebot G'ttes stellen. Diese Aussage hat vor allem dann eine besondere Sprengkraft, wenn man bedenkt, wie selbstverständlich es in der Menschheitsgeschichte stets war, dass Menschen Land an sich gerissen haben, um freie Verfügungsgewalt darüber auszuüben (das Eigentum, gerade auch an Land, steht deshalb auch heute im Grundgesetz unter dem besonderen Schutz des Staates). Diese Parascha kontrastiert deshalb auch die Aussage aus dem ersten Schöpfungsbericht, wonach der Mensch fruchtbar werden und sich die Erde untertan machen soll. Im christlichen Abendland hat dieser Satz bis zum heutigen Kapitalismus verheerende Auswirkungen gehabt, weil stets davon ausgegangen wurde, dass Land etwas ist, was man sich »unter den Nagel reißen« und ausbeuten kann.

Das Judentum hat demgegenüber stets andere Erfahrungen machen müssen. Denn es war gerade das Land Jisrael, das den Juden schon sehr früh wieder genommen worden ist. Die Beutezüge der Assyrer rissen bereits im 8. Jahrhundert v.u.Z. das Land Jisrael und Jehuda an sich, später verkleinerten die Babylonier das Land weiter, 70 n.u.Z. vernichteten die Römer sowohl die restlichen Staatsformen Jisraels als auch das Heiligtum in Jeruschalajim. Das Land allgemein, und insbesondere das Land Jisrael, war Juden über weite Strecken ihrer Geschichte mehr eine Zusage als eine Realität. Wenn die letzte Parascha des Buches *Wajikra* unter diesem Blickpunkt betrachtet wird, dann wird eine ganz andere jüdische Grunderfahrung deutlich, als dies ein einfacher Zusammenhang zwischen Gebote-Halten und Gut-leben-Können herausstellen könnte.

Nur Gutes

26,3–5

אִם בְּחֻקֹּתַי תֵּלֵכוּ
וְאֶת מִצְוֹתַי תִּשְׁמְרוּ וַעֲשִׂיתֶם אֹתָם:
וְנָתַתִּי גִשְׁמֵיכֶם בְּעִתָּם
וְנָתְנָה הָאָרֶץ יְבוּלָהּ וְעֵץ הַשָּׂדֶה יִתֵּן פִּרְיוֹ:
וְהִשִּׂיג לָכֶם דַּיִשׁ אֶת בָּצִיר וּבָצִיר יַשִּׂיג אֶת זָרַע
וַאֲכַלְתֶּם לַחְמְכֶם לָשֹׂבַע וִישַׁבְתֶּם לָבֶטַח בְּאַרְצְכֶם:

»Und nun sage ich euch noch eines zum Schluss: Wenn ihr es schafft, euch an meine Satzungen zu halten, meine **Gesetze zu beachten** und nach ihnen zu leben, dann werde ich euch Regen zur rechten Zeit schicken, und die Erde wird reichlichen Ertrag bringen, und die Bäume werden Früchte in Mengen tragen. Die Dreschzeit wird sich hinziehen bis zur Weinlese und die Weinlese bis zur Aussaat, so viel wird auf euren Feldern wachsen. Ihr werdet dann euer Brot essen, bis ihr satt seid und in Ruhe in eurem Land leben könnt.

*** Die Gesetze beachten:** Hier geht es vor allem um das Verhältnis des Einzelnen zum gesamten Volk Jisrael, denn der Einzelne muss sich an die Gebote halten; ihre Übertretung hat aber Folgen für das ganze Volk.

Ich werde im ganzen Land für Frieden sorgen, sodass ihr euch nicht fürchten müsst, weder vor wilden Tieren noch vor Feinden. Ich werde euch mein Angesicht zuwenden und dafür sorgen, dass ihr fruchtbar seid und euch vermehrt. Auf diese Weise werde ich an den Bund zwischen uns denken und ihn aufrechterhalten. Euer Land wird soviel Erträge haben, dass ihr noch die alte Ernte wegschaffen müsst, bevor ihr die neue einsammelt.

In meiner Wohnung werde ich mitten unter euch wohnen. So werde ich also mitten unter euch sein und euer G'tt sein können. Und ihr seid dann mein Volk. Ich bin der Ewige, euer G'tt, ich habe euch aus Mizrajim herausgebracht, damit ihr nicht ewig Knechte anderer Völker sein müsst. Ich habe eure Beschwernisse von euch genommen und habe euch beigebracht, aufrecht zu gehen.«

Nur Schlechtes

26,14–16

וְאִם לֹא תִשְׁמְעוּ לִי וְלֹא תַעֲשׂוּ אֵת כָּל הַמִּצְוֺת הָאֵלֶּה:
וְאִם בְּחֻקֹּתַי תִּמְאָסוּ וְאִם אֶת מִשְׁפָּטַי תִּגְעַל נַפְשְׁכֶם
לְבִלְתִּי עֲשׂוֹת אֶת כָּל מִצְוֺתַי לְהַפְרְכֶם אֶת בְּרִיתִי:
אַף אֲנִי אֶעֱשֶׂה זֹּאת לָכֶם
וְהִפְקַדְתִּי עֲלֵיכֶם בֶּהָלָה אֶת הַשַּׁחֶפֶת וְאֶת הַקַּדַּחַת
מְכַלּוֹת עֵינַיִם וּמְדִיבֹת נָפֶשׁ
וּזְרַעְתֶּם לָרִיק זַרְעֲכֶם וַאֲכָלֻהוּ אֹיְבֵיכֶם:

»Wenn ihr aber nicht auf meine Gebote achtet und nicht auf mich hört, wenn euch meine Gesetze egal sind und ihr nicht tut, was ich euch gesagt habe, dann werde auch ich mich gegen euch wenden und euch Schreckliches antun. Ich werde euch Krankheiten schicken, unter denen ihr fürchterlich leiden werdet, ich werde bewirken, dass eure Saat nicht aufgeht und ihr nicht ernten könnt. Ich werde euch Feinde schicken, die gegen euch kämpfen werden. Sie werden über euch herrschen. Und wenn ihr dann noch immer nicht auf mich hört, werde ich eure Halsstarrigkeit siebenfach strafen, ich werde den Himmel über euch zu Eisen machen und die Erde unter euch zu Erz. Der Boden wird dann nichts mehr hergeben, die Bäume werden auf dem Land keine Früchte tragen.

Und wenn das noch immer nicht reicht und ihr noch immer nicht auf mich hören wollt, dann werde ich euch weiter drangsalieren. Tiere werde ich gegen euch aussenden, und sie werden euch die Kinder rauben und euer Vieh reißen. Und wenn das euch noch immer nicht reicht und ihr noch immer nicht auf mich hört, dann werde auch ich mich gegen euch wenden und euch schlagen. Und dann werde ich eure Städte zerstören und eure Heiligtümer niederreißen, ich werde keine Opfergaben, keinen Beruhigungsduft mehr von euch annehmen.

Und ich werde das ganze Land zerstören, und euch werde ich nehmen und unter die Völker zerstreuen. Und erst dann, wenn ihr nicht mehr da seid, wird das Land zufrieden sein und endlich seine Schabbate wieder haben, all die Tage, an denen es wüst darniederliegt, wird das Land Schabbat-Ruhe haben. Genau so lange, wie ihr die Schabbate nicht gehalten habt, solange wird das Land an den Schabbaten ruhen. Aber ihr werdet unter euren Feinden leben müssen und die fremden Länder werden euch aufreiben.

Aber erst, wenn ihr eingesehen habt, dass ihr auf dem falschen Weg geht, erst dann werde auch ich mich daran erinnern, dass ich einen Vertrag mit Jaakov und Jizchak und Avraham geschlossen habe. Denn ich bin der Ewige, euer G'tt. Ich werde mich an den Vertrag erinnern, den ich mit euren Vorfahren geschlossen habe, und ich werde mich auch daran erinnern, dass ich eure Vorfahren aus Mizrajim gebracht habe, um ihr G'tt zu sein.«

Das also sind die Gesetze und Vorschriften, die der Ewige dem Mosche auf dem Berg Sinai gegeben hat.

Versprochene Geschenke an das Heiligtum

27,1

Dann sagte der Ewige zu Mosche: »Du musst den Kindern Jisraels noch Folgendes erklären: Es wäre sehr schön, wenn ihr immer wieder versprechen würdet, dem Heiligtum **etwas zu spenden**. Dann könnt ihr das ganz einfach machen, indem ihr sagt: Ich verspreche dem Heiligtum den Wert, den ich habe. Dann gibt es ganz genaue Listen, wie viel Wert eine Person für das Heiligtum hat. Das richtet sich danach, ob du ein kräftiger Mann oder eine alte Frau bist, ein Kind oder ein guter Arbeiter. Diesen Wert musst du dann dem Heiligtum entrichten.

Ist aber jemand zu arm, um diesen Wert dem Heiligtum zu entrichten, dann wird der Kohen hingehen und den armen Menschen in seinem Wert abschätzen: Was besitzt er, wie viel

* **Spenden:** Das Schlusskapitel des Buches *Wajikra* handelt noch einmal von freiwilligen Gaben, die jemand dem Heiligtum versprechen möchte: Wenn jemand eine Sache, ein Tier oder sich selbst dem Heiligtum verspricht, dann kann er das Versprochene dem Heiligtum übergeben oder den geschätzten Wert des Versprochenen mit Geld auslösen, indem er diesen Betrag an das Heiligtum entrichtet. Wenn er sich selbst dem Heiligtum versprochen hat, dann muss er sich auslösen, da er sich selbst nicht übereignen kann. Für diesen Fall gibt es genaue Schätzlisten, die im Text der Torah aufgeführt sind. Die Werte bestimmen sich aufgrund des Geschlechts und des Alters. Diese Gaben sind für den laufenden Betrieb des Heiligtums nicht unwesentlich, da deren Kosten sicher nicht unbeträchtlich waren. Dennoch sind es freiwillige Abgaben, die deutlich von der Erfüllung einer Mizwa unterschieden werden müssen. Aber diese freiwilligen Abgaben unterliegen dem Reglement der Kohanim, sind also keine völlig subjektive Angelegenheit des Spenders.

Menschen leben von seinem Ertrag, was kann er dem Heiligtum spenden, ohne dass er dadurch noch mehr verarmt.

Möchte er aber dem Heiligtum Vieh spenden, so soll er dieses zum Heiligtum bringen. Er muss aber dann genau das Tier bringen, das er dem Heiligtum versprochen hat. Er darf es nicht vertauschen.

Hat jemand dem Heiligtum ein **nicht-reines Tier** versprochen, so soll er zum Kohen gehen. Dieser schätzt das Tier auf seinen Wert, und dann kann der Spender den Wert dieses Tieres spenden und noch etwas dazugeben.

Man kann auch sein eigenes Haus dem Heiligtum versprechen. Auch das soll der Kohen nach seinem Wert schätzen. Wenn der Spender sein Haus wieder zurückhaben möchte, dann kann er es mit dieser Summe auslösen.

Wenn jemand dem Heiligtum ein Feld verspricht, dann hängt der Schätzwert davon ab, wie lange hin es noch bis zum Joveljahr ist. Denn das Heiligtum bekommt mehr Ernten, wenn der Spender ganz am Anfang des Jovelzyklus das Feld übergeben hat.

Man kann aber keine Dinge dem Heiligtum versprechen, die dem Heiligtum ohnehin gehören: zum Beispiel die Erstgeborenen von Rindern, Schafen und Ziegen oder der zehnte Teil der Ernte. Denn das gehört ohnehin schon dem Heiligtum und kann deshalb nicht dem Heiligtum versprochen werden.«

Das sind all die Gebote, die der Ewige dem Mosche auf dem Sinai gegeben hat.

* **Nicht-reines Tier:** Tiere, die für das Heiligtum nicht als Opfergabe vorgesehen sind, können auch nicht zum Heiligtum gebracht werden. Deshalb müssen solche Tiere ausgelöst werden, indem ihr Wert geschätzt wird.

ANHANG

Tabelle zu den Festtagen in der Torah

Festtag	Biblische Namen	Stellenangaben
Schabbat	Schabbat	1. Buch: Par. *Bereschit* 2. Buch: Par. *Mischpatim, Ki Tissa* 3. Buch: Par. *Emor* 4. Buch: Par. *Pinchas*
Pessach 15.–21. Nisan	Pessach Chag ha-Mazzot	2. Buch: Par. *Bo, Mischpatim, Ki Tissa* 3. Buch: Par. *Emor* 4. Buch: Par. *Pinchas* 5. Buch: Par. *Reeh*
Schavuot 6. Siwan	Schavuot Chag ha-Kazir (Fest der Ernte) Jom ha-Bikkurim (Tag der Erstlinge)	2. Buch: Par. *Mischpatim, Ki Tissa* 3. Buch: Par. *Emor* 4. Buch: Par. *Pinchas* 5. Buch: Par. *Reeh*
Rosch ha-Schana 1. und 2. Tischri	Jom (Sichron) Truah (Gedächtnistag des Lärm- blasens)	3. Buch: Par. *Emor* 4. Buch: Par. *Pinchas*
Jom Kippur 10. Tischri	Jom ha-Kippurim	3. Buch: Par. *Emor* 4. Buch: Par. *Pinchas*
Sukkot 15.–22. Tischri	Sukkot/Chag ha-Asif (Fest der Lese)	2. Buch: Par. *Mischpatim, Ki Tissa* 3. Buch: Par. *Emor* 4. Buch: Par. *Pinchas* 5. Buch: Par. *Reeh*

In dieser Tabelle werden nur die Fest- oder Fasttage aufgelistet, die in der Torah erwähnt worden sind. Später entwickelte Feste, wie zum Beispiel Purim oder Chanukka, sind hier nicht berücksichtigt. Die Stellenangaben, an denen die Feste in der Torah abgehandelt werden, beinhalten lediglich die wichtigsten Erwähnungen, sind also keine vollständige Auflistung.

Jahreszeit und Dauer	**Biblische Rituale**	**Heutige Rituale**
wöchentlich am Samstag	Ruhetag; Versammlung	Kiddusch am Freitagabend und Samstagmorgen; G'ttesdienst mit Torah-Lesung
März/April 7 Tage	Essen ungesäuerter Brote *(Mazzot)*; Versammlung am ersten und letzten Tag	Reinigung des Hauses und der Küche; nichts, was gesäuert ist, darf sich im Haus befinden; Sederabend; G'ttesdienst mit Torah-Lesung
Mai/Juni 1 Tag	Erstlinge werden zum Heiligtum gebracht; Versammlung	Fest der Gabe der Torah; Bevorzugung milchiger Speisen; G'ttesdienst mit Torah-Lesung Schmücken der Synagoge mit grünen Zweigen
September/Oktober 1 Tag	Schofarblasen; Versammlung	Beginn der zehntägigen Bußzeit; wird heute grundsätzlich zwei Tage lang gefeiert; G'ttesdienst mit Torah-Lesung
September/Oktober 1 Tag	Fastentag; Versammlung	Fastentag; G'ttesdienst mit Torah-Lesung
September/Oktober 7 Tage; mit Schmini Azeret am 8. Tag als Schlussfest	Wohnen in Hütten; Feststrauß; Versammlung	Laubhütten bauen und darin wohnen; Feststrauß; außerhalb Israels: 9 Tage mit Abschluss Simchat Torah (Fest zur Freude der Torah); G'ttesdienst mit Torah-Lesung

GLOSSAR

Aharon Aaron, Bruder Mosches.

Altar, goldener Mit Gold überzogener Altar, auf dem die Gewürze verbrannt wurden.

Altar, kupferner Mit Kupfer überzogener Altar, auf dem die Tierteile als Opfergaben verbrannt wurden.

Amida Hebr. »das Stehen«, das zentrale Gebet in allen G'ttesdiensten, das im Stehen verrichtet wird. Es besteht aus einer ganzen Anzahl von Bitten, weshalb es oft auch als »Achtzehn-Bitten-Gebet« bekannt ist. Andere Bezeichnung: *Schmone Esre.

Anatot Eine Stadt im Gebiet des Stammes Benjamin, in der der Prophet *Jirmejahu geboren wurde.

Asasel Im Zusammenhang mit dem »Bock für Asasel« steht dies nach Raschi für einen Berg, ein entlegenes Gebiet, in das der sogenannte »Sündenbock« geschickt wird.

Ascham Die Opfergabe, die gebracht wird, wenn jemand Schuld auf sich geladen hat und sich dessen bewusst wird.

aschkenasisch Seit dem Mittelalter wird darunter die jüdische Bevölkerung Zentral- und Osteuropas verstanden. Die g'ttesdienstlichen Texte, aber auch andere religionsgesetzliche Auslegungen und Bräuche unterscheiden sich von der *sefardischen Tradition.

Avihu Abihu, einer der vier Söhne Aharons und einer der beiden Söhne, die ein fremdes Feuer ins Heiligtum brachten und daraufhin starben.

Avraham Abraham, der erste Stammvater der Kinder Jisraels, von dem das erste Buch der Torah, *Bereschit*, berichtet.

Azeret Siehe *Schmini Azeret.*

Bamidbar Das vierte Buch der Torah: »In der Wüste«.

Bereschit Das erste Buch der Torah: »Am Anfang«.

Birkat ha-Gomel Dankgebet, das in der Synagoge nach der Torah-Lesung von dem rezitiert wird, der aus großer Gefahr errettet wurde.

Birkat Kohanim Priestersegen, traditionelle Bezeichnung für einen liturgischen Text, der im Wesentlichen aus Num 6,24–26 besteht und Eingang sowohl in das tägliche Gebet als auch in das Abendgebet für Kinder gefunden hat.

Challot Geflochtene Hefezöpfe, über die traditionell nach dem *Kiddusch am Freitagabend und am Schabbatmorgen der Brotsegen gesprochen wird.

Chamischa Chumsche Torah Hebr. »Die fünf Fünftel der Torah«, eine Bezeichnung für die Torah.

Chattat Die Opfergabe, die ins Heiligtum gebracht wird, um sich wieder ins Reine zu bringen.

Devarim Das fünfte Buch der Torah: »Worte«.

Efod Unübersetzbar. Eine Schürze, die den Rücken bedeckt. Wird vom Kohen ha-Maschiach, also vom Hohepriester getragen.

Elasar Eleasar, Sohn Aharons.

Elischa Ein biblischer Prophet des Nordreichs Jisrael. Über ihn wird im zweiten Buch der Könige berichtet.

Gerim Hebr. »Fremde«, Bezeichnung für Bewohner Jisraels, die zwar unter den Jisraeliten lebten, aber nicht von ihnen abstammten.

Haftara/Haftarot Hebr. »Abschluss«, die Lesung eines Textes aus dem zweiten Bibelteil (die Propheten), die an Schabbat und Festtagen die Ordnung der öffentlichen Torah-Lesung abschließt.

Halacha, halachisch Hebr. »Wandel«, das jüdische Gesetz, das sich auf die Torah und die rabbinische Tradition gründet.

Itamar Sohn Aharons.

Jaakov Jakob, Sohn Jizchaks, der dritte Stammvater.

Jecheskel Ezechiel. Ein Prophet des babylonischen Exils, der im 6. Jahrhundert v. u. Z. lebte. Ihm wird das Ezechiel-Buch zugeschrieben.

Jehuda Juda, ein Sohn des Stammvaters Jaakov und der Stammmutter Leah.

Jeruschalajim Jerusalem.

Jirmejahu Jeremia, ein Prophet des Südreichs Juda, der im 7. Jahrhundert v. u. Z. lebte. Ihm wird das Jeremia-Buch zugeschrieben.

Jizchak Isaak, Sohn Avrahams, der zweite Stammvater.

Jom Kippur Versöhnungstag. Ein Tag, der vollständig mit Fasten und Beten verbracht wird. Er geht auf den in Paraschat *Achare Mot* beschriebenen Jom Kippur zurück.

Joveljahr Jubeljahr. Nach sieben Schabbatjahren folgt im 50. Jahr das Joveljahr, in dem das gepachtete Land in Israel wieder an den ursprünglichen Besitzer zurückfällt.

kaschern Hebr. »reinigen«. Ist erforderlich, wenn Geschirr oder Besteck nicht-rein geworden ist. Es kann lediglich metallenes Geschirr oder Besteck gekaschert werden, nicht jedoch solches, das aus Porzellan oder Steingut besteht.

Kaschrut Speisegesetze. Sie regeln, welche Tiere zum Verzehr geeignet sind und welche nicht (erlaubte, nicht-erlaubte Tiere) und wie die zugelassenen Lebensmittel zubereitet sein müssen, damit sie verzehrt werden dürfen (Schächten), also koscher sind. Die ausführlichen Kaschrut-Regeln finden sich im dritten Buch der Torah (*Wajikra* bzw. *Leviticus*) in Paraschat *Schmini* (S. 43). Darüber hinaus bezeichnet der Begriff Kaschrut auch sämtliche anderen Vorschriften, die die Nahrung betreffen und auf rabbinische Entscheidungen zurückgehen: so zum Beispiel das Verbot, Wein zu genießen, der nicht von Juden hergestellt worden ist.

Kavod Hebr. »Herrlichkeit« G'ttes, bezeichnet die Präsenz G'ttes in der Welt. Im heutigen Hebräisch bedeutet es Ehre oder Achtung.

Kiddusch Hebr. »Heiligung«. Der Schabbat und die Feiertage werden mit dem Kiddusch, dem Segensspruch über Wein, in einer besonderen Weise geheiligt.

Knaan Kanaan, Landstrich im Nahen Osten, weitgehend mit dem Land Israel identisch.

Kohen/Kohanim Priester, die von Aharon abstammen, sie gehören allesamt dem Stamm Lewi an.

Kohen Gadol/Kohen ha-Maschiach Der »Hohepriester«, in der Torah ist dies Aharon. Nur dem Hohepriester ist es erlaubt, an Jom Kippur in das Allerheiligste einzutreten.

Korban Hebr. »Opfergabe«.

Korbanot Hebr. »Opfergaben«. In der Liturgie sind die Korbanot Teil des beginnenden täglichen Morgengebetes (Schacharit).

koscher Siehe *Kaschrut.*

Lewijim Leviten, einer der Stämme Jisraels.

Mazza, pl. Mazzot Matze. Ungesäuertes Brot, das während des Pessach-Festes gegessen wird. Ungesäuert bedeutet, dass der gesamte Backvorgang einer Mazza lediglich 18 Minuten betragen darf.

Mehlopfergabe Opfergabe aus nichttierischen Lebensmitteln. Siehe auch: *Mincha.

Midrasch/Midraschim Hebr. »das, was ausgelegt wird«. Eine Ausführung zum biblischen Text, die entweder erzählerische Lücken schließen oder andere Schwierigkeiten des Bibeltextes erhellen möchte. Solche Ausführungen werden meist in Werken gesammelt, die entsprechend »Midrasch« heißen.

Mikwe Jidd., hebr. Mikwa »Ansammlung von Wasser«, Bezeichnung für ein jüdisches Tauchbad. Verheiratete Frauen tauchen eine bestimmte Zeit nach ihrer Menstruation dort im Wasser unter, um sich wieder für den ehelichen Verkehr rein zu machen. Auch orthodoxe Männer tauchen meist vor Schabbat oder Feiertagen unter.

Mincha Hebr. »Geschenk«, wird in zwei verschiedenen Kontexten verwendet: a) Bezeichnet im Buch *Wajikra* die *Mehlopfergabe. b) Bezeichnet einen der drei täglichen G'ttesdienste, nämlich den am Nachmittag.

Mizrajim Ägypten.

Mizwa/Mizwot Hebr. »Gebot«. Nach traditioneller Vorstellung ist eine Mizwa von G'tt angeordnet und von den Juden auszuführen. Insgesamt werden 613 Ge- und Verbote gezählt, die auf die Torah zurückgehen.

Molech Moloch, vermutlich ein nicht jisraelitischer Götzendienst.

Mosche Moses, der Bruder Aharons.

Mussaf Hebr. »Zusatz«, die zusätzliche *Amida an Schabbat und an Feiertagen. Diese geht auf das Mussaf-Opfer am Heiligtum zurück, das an Schabbat und Feiertagen zusätzlich gebracht wurde.

Naaman Ein assyrischer Hauptmann, der an Aussatz litt und von dem Propheten *Elischa geheilt wurde. Diese Erzählung findet sich in 2 Kön 5.

Nadav Nadab, einer der vier Söhne Aharons und einer der beiden Söhne, die ein fremdes Feuer ins Heiligtum brachten und daraufhin starben.

Ner Tamid Hebr. »das ewige Licht«, eine Lampe, die in der Synagoge vor dem Torah-Schrein leuchtet, wenn sich in diesem Schrein Torah-Rollen befinden.

Nidda Hebr. »Abgrenzung«. Bezeichnet die Zeit, in der eine Frau als »unrein« gilt und sich somit nicht dem Heiligtum nähern darf. Es ist auch die Zeit, in der sich ihr Mann ihr nicht nähern darf.

Olah Die Opfergabe, die ganz verbrannt wird.

Pessach Passah. Eines der drei Wallfahrtsfeste, das im Frühjahr sieben Tage lang gefeiert wird und an den Auszug aus Ägypten erinnert. In dieser Zeit darf nichts Gesäuertes gegessen werden.

Rabbinen Im Allgemeinen eine Bezeichnung für jüdische Gelehrte des Altertums, die für die Grundlegung des Judentums verantwortlich zeichnen.

Raschi Abkürzung für Rabbi Schlomo ben Jizchaki (1040–1105). Französischer Gelehrter und Kommentator von Bibel und Talmud.

Rosch ha-Schana Neujahrsfest, das bereits biblisch unter anderem Namen beschrieben wird. Es dauert zwei Tage und leitet die zehntägige Bußzeit ein, die mit dem Jom Kippur endet.

Schaatnes Ein Kleidungsstück, das aus Wolle und Leinen gewebt worden ist. Wegen dieser Vermischung verschiedener Stoffe ist es verboten, ein solches Kleidungsstück zu tragen.

Schabbat Der siebte Tag in der Woche, der wöchentliche Ruhetag, an dem festgelegte Arbeiten zu unterbleiben haben.

Schabbatjahr Sabbatjahr. In einem Rhythmus von sieben Jahren sollte das landwirtschaftlich bearbeitete Land selbst »Ruhe« haben. Es durfte weder gesät noch geerntet werden.

Schacharit Tägliches Morgengebet.

Schächten Eine spezielle Schlachtung mittels eines kräftigen und schnellen Schnittes durch die Kehle des lebenden Tieres, bei der gewährleistet ist, dass möglichst viel Blut aus dem Tier ausströmt.

Schavuot Wochenfest. Eines der drei Wallfahrtsfeste, das im Sommer gefeiert wird und an die Gabe der Torah am Berg Sinai erinnert.

Schechina Hebr. »Einwohnung (G'ttes)«, ein Begriff, der die Gegenwart G'ttes in der Welt beschreibt.

Schemot Das zweite Buch der Torah: »Namen«.

Schevat Ein jüdischer Monat im Frühjahr.

Schlomit Schelomit. Nach dem Buch *Wajikra* war dies eine Jisraelitin, deren Sohn wegen Lästerung des G'ttesnamens getötet wurde.

Schmini Azeret Das Abschlussfest nach dem Laubhüttenfest.

Schmitta Andere Bezeichnung für *Schabbatjahr.

Schmone Esre Hebr. »Achtzehn«. Bezeichnet das »Achtzehn-Bitten-Gebet« in den drei täglichen Gebeten. Andere Bezeichnung: *Amida.

Schochet Jüdischer Schlachter.

Schofar Hohles Widderhorn, mit dem man Töne erzeugen kann. Bekannt ist das Schofarblasen als Ritual zu Rosch ha-Schana, dem Neujahrsfest.

Sefardisch Seit dem Mittelalter eine Bezeichnung für die Juden aus Spanien und Portugal, die von der iberischen Halbinsel fliehen mussten und sich im europäischen und afrikanischen Mittelmeerraum niederließen. Im Hinblick auf ihre g'ttesdienstlichen Texte, aber auch auf andere religionsgesetzliche Auslegungen und Bräuche unterscheiden sie sich von der *aschkenasischen Tradition.

Sevach Schlamim Die Opfergabe, die gebracht wird, um davon essen zu können. Wird oft auch als »Friedensopfer« bezeichnet.

Sukkot Laubhüttenfest: das dritte Wallfahrtsfest, das schon von der Torah angeordnet wird. Es wird im Herbst sieben Tage lang gefeiert und von Schmini Azeret bzw. Simchat Torah abgeschlossen. Üblicherweise werden im Garten Hütten gebaut, in denen möglichst viel vom Alltag erledigt wird. Außerhalb Israels wird dieses Fest (wie auch *Pessach und *Schavuot) einen Tag länger gefeiert, eine Tradition, die ursprünglich durch Unsicherheiten bei der Bestimmung des Monatsbeginns begründet war, heute aber im orthodoxen Judentum fester Bestandteil ist.

Tallit Gebetsmantel, der beim täglichen Morgengebet umgelegt wird.

Talmud Hebr. »Lehre«. Sammlung rabbinischer Kommentare von Gelehrten aus sieben Generationen über einige Traktate eines grundlegenden gesetzlich orientierten Werkes, der Mischna. Wurde im 5. bis 6. Jh. u. Z. erstellt. Man unterscheidet den babylonischen und den palästinischen Talmud.

Tischri Ein jüdischer Monat im September/Oktober. In diesen Monat fallen so wichtige Feiertage wie Rosch ha-Schana, Jom Kippur oder Sukkot.

Toschav/Toschavim Hebr. »Bewohner«, damit wird der Bevölkerungsteil unter den Jisraeliten bezeichnet, die von anderen Völkern abstammen.

Tschuva Hebr. »Rückkehr«, damit wird die Rückkehr zu einem Leben bezeichnet, das ganz unter die Gebote gestellt ist.

Urim und Tummim Es sind die Lossteine, die sich in dem sogenannten Choschen, dem Brustschild der priesterlichen Kleidung, befinden. Mit ihrer Hilfe sprach der Kohen Recht.

Ussa Ein Lewi, der die Aufgabe hatte, den von König Dawid angeordneten Transport des Heiligen Kastens nach Jerusalem zu begleiten. Dabei berührte er den Heiligen Kasten, als dieser umzufallen drohte. Dies bedeutete den Tod des Ussa (2 Sam 6,1–8).

Wajikra Das dritte Buch der Torah, auch *Leviticus* genannt.

Der Ariella Verlag unterstützt die Kurt-Wolff-Stiftung
für eine vielfältige Verlags- und Literaturszene

Kurt Wolff Stiftung

The use of this books contents for training purposes of artificial
intelligence is strictly forbidden and will be sanctioned.

Die Verwendung des Inhaltes dieser Publikation für
KI-Trainingszwecke ist streng untersagt und werden geahndet.

www.ariella-verlag.de

© 3. Auflage 2026 Ariella Verlag Myriam Halberstam, Berlin
c/o Presspoint, Bregenzer Str. 9, 10707 Berlin
Alle Rechte vorbehalten
produktsicherheit@ariella-verlag.de
Illustrationen: Darius Gilmont, Ra'anana, Israel
Lektorat: Petra Müller, Berlin
Korrektorat: Carola Köhler, Berlin
Gestaltung: Lisa Neuhalfen, Berlin
Druck: Nordmann, Israel
ISBN: 978-3-9816238-5-7